WILDBERLIN

Gary Schunack

Wild BERLIN

50 grüne Sehnsuchtsorte in der Hauptstadt

berlin edition im
be.bra verlag

1 = Nummerierung der Standorte auf der Karte S. 218/219

Bibliografische Information der Deutschen Nationalbibliothek
Die Deutsche Nationalbibliothek verzeichnet diese Publikation in der Deutschen Nationalbibliografie; detaillierte bibliografische Daten sind im Internet über http://dnb.d-nb.de abrufbar.

2. Auflage

KulturBrauerei Haus 2
Schönhauser Allee 37, 10435 Berlin
post@bebraverlag.de
Lektorat: Nele Robitzky, Berlin
Umschlag und Satz: typegerecht berlin
Schriften: Tasse, Proforma
Druck und Bindung: Graspo, Zlín
ISBN 978-3-8148-0254-1

www.bebraverlag.de

INHALT

Am Teufelssee im Grunewald

Im Landschaftspark Rudow-Altglienicke

VORWORT

Wasserfälle, Schluchten, Waschbären und Sanddünen – auch das ist Berlin!

Die grüne und wilde Seite der Hauptstadt ist vielen bisher entgangen. Fragt man Besucher der Stadt nach den Vorzügen Berlins, werden meist die zahlreichen Sehenswürdigkeiten, das Shopping-Erlebnis oder das Nachtleben genannt. Selbst Einheimische ahnen oft nicht, dass die Stadt auch richtige Naturparadiese zu bieten hat. Rund 44 Prozent des Berliner Stadtgebietes bestehen aus Natur. Weit mehr als 2.500 Parks und Gärten sorgen dafür, dass sich Berlin zu den grünsten Metropolen in Europa zählen kann. Der Übergang von der turbulenten Großstadt zur ländlichen Idylle findet nirgendwo so urplötzlich statt wie hier.

Doch selbst bei Ur-Berlinern hält sich hartnäckig der Irrglaube, dass man an den Stadtrand oder besser noch nach Brandenburg fahren müsse, um in die Natur eintauchen zu können. In Wahrheit liegen nur knapp fünf Kilometer zwischen dem Alexanderplatz und dem sprudelnden Wasserfall im Viktoriapark. Füchse und Waschbären spazieren durch den nur drei Kilometer entfernten Tiergarten. Und um sich entspannt auf eine Hängematte zwischen Kiefern und handzahmen Eichhörnchen zu legen, muss man nur 900 Meter zurücklegen.

Am Bogensee in Pankow

Urbane Nachhaltigkeit: Berlin macht's vor

Um dem Neubau von Wohnflächen und der ständigen Verdichtung der Stadt etwas entgegenzusetzen, entstehen als Ausgleichsmaßnahme immer wieder neue Landschaftsparks. Als zum Beispiel die Entscheidung für den umstrittenen Bau der Bundesautobahn 113 zwischen Rudow und Altglienicke fiel, wurde zugleich die Planung für einen weitflächigen Landschaftspark beschlossen. Die 64 Hektar große Fläche ist heute eine der natürlichsten Parkanlagen im Süden der Stadt und bietet neben einer Horde asiatischer Wasserbüffel vor allem einen wichtigen Lebensraum für Amphibien und Insekten.

In einem Landschaftsschutzgebiet in Lichtenberg grasen seit dem Sommer 2009 knapp 40 Landschafe auf einer ehemaligen Brachfläche. Wer das triste Stück Erde noch aus früherer

Schafweide im Landschaftspark Herzberge

Die Niedermoorwiesen am Tegeler Fließ

Zeit kennt, hätte wohl niemals geahnt, dass hier einmal urbane Landwirtschaft betrieben werden könnte. Großstadtkinder aus Lichtenberg und Umgebung bekommen nun einen Einblick in den Anbau von Bio-Gemüse und schauen Lämmern beim Aufwachsen zu.

Historische Ursprünge

In Berlin hat man schon immer aus der Not eine Tugend gemacht. Das beweisen unter anderem die zahlreichen Berge und Erhebungen, die oft nicht natürlich entstanden sind, sondern nach dem Zweiten Weltkrieg aus Trümmerschutt angehäuft wurden. Typisch für Berlin sind auch die ehemaligen Rieselfelder, die über die Außenbezirke verteilt sind und bis zum Ende des 19. Jahrhunderts noch der Abwasserreinigung dienten. Kilometerlange Druckrohrleitungen pumpten einst Schmutz- und Niederschlagswasser aus privater

Blick über die Rieselfelder Karolinenhöhe in Spandau

Im Landschaftspark Johannisthal

und industrieller Nutzung auf die Felder, wo sie im Boden versickerten. Bei diesem Vorgang wurden die organischen Stoffe in der Erde festgehalten und biologisch abgebaut. Das Abwasser diente zugleich als Düngemittel, und so pflanzte man hier über viele Jahre Viehfutter und Gemüse an. Ab den 1960er Jahren wurde der Betrieb der Rieselfelder eingestellt und Klärwerke übernahmen nun deren Aufgabe. Auf den einst knapp 10.000 Hektar großen Flächen entstanden die mitunter schönsten Landschaften Berlins. Heute wachsen hier Wildblumen, Rehfamilien verstecken sich in hohen Maisfeldern und der gestresste Großstädter findet seine verdiente Ruhe bei einem Spaziergang unter Obstbaumalleen.

Dann gibt es da noch die Orte, die so unerwartet schön und voller wilder Natur sind, dass man sich über ihre Unbekanntheit nur wundern kann. Spaziert man über die menschenleeren Niedermoorwiesen im Tegeler Fließtal, erinnert man sich

Wildblumen auf den Falkenberger Rieselfeldern

Am Neuenhagener Mühlenfließ

kopfschüttelnd an kritische Stimmen, die Berlin einen einzigen großen grauen Betonklotz nennen. Das Naturschutzgebiet befand sich lange Zeit unzugänglich im einstigen Grenzbereich und konnte sich dort in der Zeit der Teilung ungestört entwickeln.

Berlin ist so viel mehr als Sightseeing und hippe Cafés!

Dieses Buch ist das Ergebnis einer zweijährigen Recherche. Im Rahmen zahlloser Ausflüge entstand eine Liste mit den 50 schönsten und idyllischsten Orten Berlins. Zu jedem Ort wurde ein Porträt mit kompakten und übersichtlichen Informationen erstellt. Da ein Bild oft mehr sagt als tausend Worte, gibt es zudem Fotos von markanten, aber auch von neutralen Stellen, die den Charakter des jeweiligen Orts in seiner Gänze zeigen sollen.

Obwohl größtmögliche Objektivität angestrebt wurde, sind persönliche Erlebnisse in die Beschreibungen eingeflossen. Sie sollen als Hilfestellung oder Empfehlung dienen. Am Ende eines jeden Porträts stehen die wichtigsten Fakten – wie beispielsweise die Angabe der nächstgelegenen Haltestelle von BVG oder S-Bahn und von Parkmöglichkeiten mit geographischen Koordinaten, die langes Suchen ersparen.

Dieses Buch richtet sich an Naturliebhaber, Wanderer, Familien, Ruhesuchende und an all diejenigen, die noch nichts von der grünen Seite Berlins wissen. WILDBERLIN ist das Gegenstück zu den gängigen Stadtführern und zeigt die Hauptstadt von ihrer schönsten und natürlichen Seite.

ARKENBERGER KIESSEE

1

PANKOW – ORTSTEIL BLANKENFELDE
GRÖSSE: 13 HEKTAR

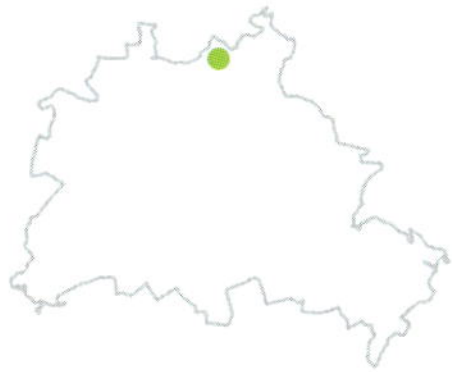

Wenige Meter vor der Landesgrenze, doch noch immer auf Berliner Boden, befindet sich im Pankower Norden der Arkenberger Kiessee. Die nächstgelegenen Wohnhäuser sind über zwei Kilometer entfernt und selbst die Anfahrt über die schmalen, teils holprigen Schotterwege ist ein kleines Abenteuer.

Der 13 Hektar große See war bis in die 1970er Jahre noch eine riesige Kiesgrube und alles andere als einen Besuch wert. Daraus entstanden ist eines der abgeschiedensten Erholungsgebiete, das dennoch in knapp einer halben Stunde Fahrzeit aus dem Stadtzentrum erreichbar ist. Rund um das sechs Meter tiefe Gewässer gibt es Sandstrände, ruhige Buchten und eine Menge versteckter Plätze zwischen hohem Schilfrohr. Dabei ist der Blick auf die gegenüberliegenden Arkenberge – Berlins höchste Erhebung – ein dauerhafter Begleiter und verleiht dem zu Fuße liegenden Gewässer einen Hauch von Alpen-Atmosphäre.

Meterhohe Sanddünen umgeben den See auf der Ostseite und sind ein idealer Windschutz an stürmischen Tagen. Auf den Dünen, die man mit etwas Muskelkraft hochkraxeln kann, verläuft ein Spazierweg, der zu einem kleinen Biotopsee führt, an dem sich Fischreiher und Ringelnattern tummeln. Umringt von Mirabellenbäumen und wilden Orchideen lassen sich dort herrliche Augenblicke genießen.

ARKENBERGER KIESSEE

TYP

Baggersee mit Sandstrand

NÄCHSTGELEGENE HALTESTELLE

›Arkenberge‹ (Bus 107)

PARKPLATZ

Straße nach Arkenberge – 52.636113, 13.417745

FLORA

Mirabelle
Weiße Seerose
Orchidee

FAUNA

Zwergdommel
Brasse
Eisvogel

HIGHLIGHTS

- Die Unterwasserwelt durch das glasklare Wasser beobachten
- Die Arkenberge: Berlins höchste Erhebung
- Wildblumen und Obststräucher südlich des Sees

BAUMBERGE

2

REINICKENDORF – ORTSTEIL HEILIGENSEE
GRÖSSE: 47 HEKTAR

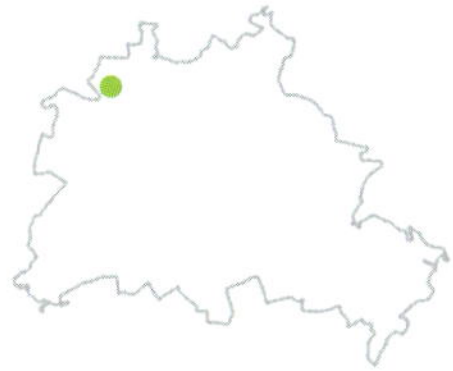

Die Binnendünenlandschaft Baumberge im beschaulichen Heiligensee kann selbst den größten Skeptiker davon überzeugen, dass Berlin die Heimat idyllischer Naturschauplätze ist. Bei einem Spaziergang durch die wilde Landschaft trifft man auf bis zu 30 Meter hohe Sanddünen und jede Menge seltene Pflanzen.

Apropos Sand: Militärische Übungen und Panzerfahrten der Alliierten sorgten für ein ständiges Aufwühlen des Bodens, weshalb eine Bewaldung der Dünen unmöglich wurde. Bis heute erstreckt sich mitten im dichten Tegeler Forst diese wüstenähnliche Landschaft, die aus der Luft betrachtet wie eine beigefarbene Insel im grünen Wald aussieht.

Wanderern und Großstadtgeplagten bietet das 47 Hektar große Gebiet genügend Platz für ein erholsames Abenteuer in der Stadtnatur. Abgesehen von Füchsen, Rehen und verschiedenen Kleintieren, die den heißen Sandboden lieben, begegnet man hier nur selten jemandem. Auch Ausschilderungen sind nicht zu finden. Entweder folgt man den Trampelpfaden oder erforscht das weitläufige Gebiet auf eigene Faust.

BAUMBERGE

TYP

Binnendünenlandschaft

NÄCHSTGELEGENE HALTESTELLE

›Rallenweg‹ (Bus 324)

PARKPLATZ

Elchdamm –
52.600418, 13.227961

FLORA

Strand-Grasnelke
Maiglöckchen
Traubeneiche

FAUNA

Wildschweine
Bienenwolf
Sandlaufkäfer

HIGHLIGHTS

- Rodeln zur Winterzeit
- Wildschweinrotten zur Dämmerung
- Der höchste Baum Berlins (52.595165, 13.243244)

BIESENHORSTER SAND

3

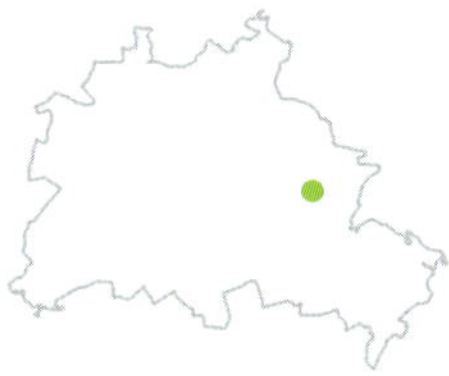

MARZAHN-HELLERSDORF –
ORTSTEIL BIESDORF
GRÖSSE: 108 HEKTAR

Eine absolute Berliner Rarität ist das Naturschutzgebiet Biesenhorster Sand im Osten der Stadt: Die einstige Brachfläche schaut auf eine bewegte Vergangenheit zurück: Entstanden aus Ablagerungen, die sich im Schmelzwasser der letzten Eiszeit gebildet hatten, wurde das Gebiet später zum Ackerbau genutzt, als Domizil für eine Luftschiffhalle, für den Standort zahlreicher Militärkasernen und zuletzt als Rangierbahnhof. Noch immer sind die Gleise der stillgelegten Bahnanlagen zu sehen, die sich die Natur langsam zurückerobert hat.

Heute ist das naturwilde Gebiet eine schützenswerte Landschaft, die so kein zweites Mal in Berlin zu finden ist. Auf den nährstoffarmen Trockenrasen- und Sandflächen finden weit über 1.300 verschiedene Insekten-, Amphibien- und Reptilienarten einen idealen Lebensraum. Beeindruckende Großschmetterlinge, die geschützte Schlingnatter und die Haubenlerche, allesamt Tierarten, die man in einer Großstadt eigentlich kaum zu Gesicht bekommt, können hier entdeckt werden.

Die Landschaftspflege im Westteil des Naturschutzgebiets übernehmen die bis zu 100 Kilogramm schweren Guteschafe und eine Gruppe Ziegen. Über den Zugang an der Viechtacher Straße gelangt man direkt zu den Weiden und über den dort abgehenden Sandweg weiter zum restlichen Areal.

BIESENHORSTER SAND

TYP

Trockenrasen und Schafkoppeln

NÄCHSTGELEGENE HALTESTELLEN

›Museum Karlshorst‹ (Bus 296) und ›Biesdorf-Süd‹ (U5)

PARKPLATZ

Robert-Siewert-Straße – 52.493361, 13.543787

FLORA

Finger-Steinbrech
Zitterpappel
Steinquendel

FAUNA

Feldhasen
Zauneidechsen
Haubenlerchen

HIGHLIGHTS

- Die Relikte des alten Rangierbahnhofs
- Knallbunte Großschmetterlinge
- Steppenartige Landschaft mit großer Insektenvielfalt

BOGENSEEKETTE

4

PANKOW – ORTSTEIL BUCH
GRÖSSE: 130 HEKTAR

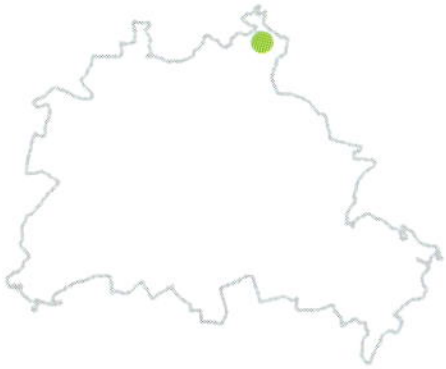

Die Bogenseekette in Pankow ist eine Aneinanderreihung von drei Seen, die sich mitten in einem wild bewucherten Naturschutzgebiet befinden. Auf den nährstoffreichen Feuchtböden entstanden unterschiedliche Landschaftstypen wie Moore, Wildgraswiesen und Wälder.

Zahlreiche Spazierwege bringen einen trockenen Fußes durch das gesamte Gelände, auf dem Pferde und Rinder grasen – letzteren kommt man sogar erstaunlich nah. Zur Abkürzung steht nämlich jedem Besucher frei, mitten über eine Rinderweide zu gehen, auf der man den friedlichen, doch respekteinflößenden Tieren zuweilen auf wenigen Metern Entfernung gegenübersteht.

Die artenreichen Seen lassen sich von Aussichtsplattformen einsehen und liefern mit Schautafeln spannendes Wissen zu den angesiedelten Tieren und Pflanzen. Doch vorerst müssen dunkle, teils mystische Waldstücke durchquert werden, um an die Seen und ihre frei zugänglichen Uferstellen zu gelangen. Der Boden der Wälder ist mit moorigen Stellen überzogen und sollte besser nicht betreten werden.

Ab dem Frühjahr sind an den Seen jede Menge Wasservögel anzutreffen, die nach Fischen und Fröschen Ausschau halten. Wem Schlangen nicht geheuer sind, der sei gewarnt: Die Uferstellen schreien zwar förmlich nach einem Picknick, doch sie sind auch ein Paradies für Ringelnattern.

Achtung
Weidetiere
Sie dürfen die
Waldweiden betreten!
Bitte verhalten Sie sich
dabei angemessen:
25
m
Mindestabstand zu
den Tieren einhalten!
Herden nicht durchqueren,
Tiere nicht beunruhigen!
Wege bitte nicht verlassen!
Hunde immer anleinen,
im Notfall Leine loslassen!
Nicht füttern – die Tiere

BOGENSEEKETTE

TYP

Feuchtwiesen und Waldgebiet

NÄCHSTGELEGENE HALTESTELLE

›Wiltbergstr./Hobrechtsfelder Chaussee‹ (Bus 259)

PARKPLATZ

Waldparkplatz – 52.645691, 13.468602

FLORA

Erlenbruchwälder
Sumpfscharfgarbe
Schwarz-Erle

FAUNA

Schwarzmilan
Kraniche
Ringelnattern

HIGHLIGHTS

- Aussichtsplattformen mit Einblick in die Biotope
- Der Gang über die Rinderweide (52.640394, 13.465242)
- Fischreiher bei der blitzschnellen Jagd an den Seen

DACHSHEIDE

5

STEGLITZ-ZEHLENDORF – ORTSTEIL DAHLEM
GRÖSSE: 14 HEKTAR

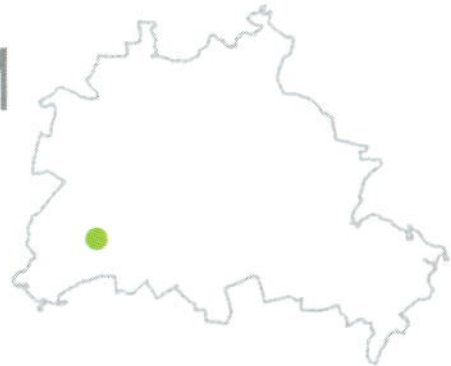

Inmitten eines grünen Waldgebiets am Rande des Villenorts Dahlem befindet sich die (fast) komplett aus Sand bestehende Dachsheide. Nach dem Zweiten Weltkrieg holzte die amerikanische Besatzungsmacht an dieser Stelle knapp 14 Hektar Wald ab, um dort ein Munitionsdepot mit Bunkeranlagen zu errichten. Noch heute wird von dem mutigen Förster der angrenzenden Försterei erzählt, der sich mit geladener Schrotflinte vor den amerikanischen Panzer stellte und den Kahlschlag verhindern wollte – leider vergeblich.

Nach ihrer spärlichen Renaturierung stellt die Dachsheide bis dato eine sandige Lücke im sonst so dichten Forst Grunewald dar. Die teils hügeligen Landschaften sind vornehmlich von Trockengräsern sowie verschiedenen Heidearten bewachsen, die im Spätsommer in den schönsten Farben blühen.

Da das Areal größtenteils sich selbst überlassen bleibt, werden einzelne Bereiche von Heidschnucken beweidet, die eine Verbuschung verhindern sollen.

Die eingezäunten Tierweiden sind zentral gelegen und können problemlos eingesehen werden. Ein Spaziergang in der Dachsheide ist trotz ihrer überschaubaren Größe ziemlich laufintensiv, denn das Gelände führt auf und ab und an vielen Stellen versinken einem die Füße in dem weichen Sand. Umgeben von Berlins beliebtesten Ausflugszielen wie der Krummen Lanke oder dem Schlachtensee findet man hier selbst am Wochenende noch Ruhe.

DACHSHEIDE

TYP

Ehemaliges Militärgebiet

NÄCHSTGELEGENE HALTESTELLE

›Am Waldfriedhof‹ (Bus 285)

PARKPLATZ

Hüttenweg –
52.458017, 13.262509

FLORA

Silberblätter
Schwarz-Erle
Eschen-Ahorn

FAUNA

Zauneidechse
Fledermaus
Heidschnucke

HIGHLIGHTS

- Abwechslungsreiches Hundeauslaufgebiet
- Blühende Heideblüten-Teppiche
- Sonnenhungrige Eidechsen auf den Sandböden im Sommer

DRACHENBERG

6

CHARLOTTENBURG-WILMERSDORF – ORTSTEIL GRUNEWALD
HÖHE: 99 METER

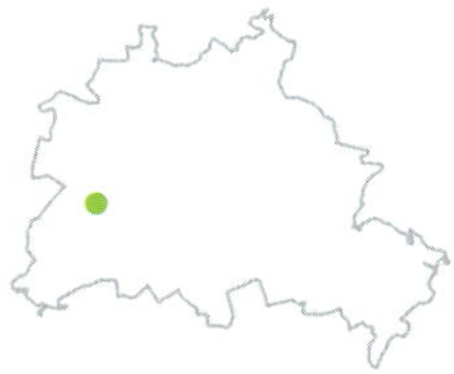

Trotz der 20 Meter Höhenunterschied muss sich der Drachenberg hinter seinem größeren Nachbarn, dem Teufelsberg, absolut nicht verstecken. Der 99 Meter hohe Berg entstand wie die meisten Berliner Erhebungen nach dem Zweiten Weltkrieg aus Trümmerschutt.

Um den Gipfel zu erreichen, sind erst einmal 215 Stufen zu überwinden. Keuchend oben angekommen, wird man mit einem der schönsten Ausblicke belohnt, die man auf Berlin bekommen kann!

Da es hoch oben auf dem Berg keine Bäume oder Büsche gibt, die einem die Sicht versperren, lässt es sich in allen Himmelsrichtungen über die Stadt schauen. Ein ganz besonderes Erlebnis ist es, hier den Sonnenauf- oder -untergang zu beobachten und mitzuerleben, wie die Sonne die Stadt in leuchtende Farben taucht.

Auf dem weitläufigen Plateau ist es möglich, entspannt ein paar Runden zu drehen, an den Hängen zu picknicken oder den Drachen mal wieder zu entstauben und ihn 100 Meter über dem Berliner Boden in die Luft steigen zu lassen. Es gibt jederzeit die Möglichkeit querfeldein vom Berg hinunter zu laufen und den Ausflug mit einer Wanderung durch den angrenzenden Grunewald zu beenden.

DRACHENBERG

TYP

Künstlicher Trümmerberg mit Aussichtsplateau

NÄCHSTGELEGENE HALTESTELLE

›Heerstraße‹ (S3, S5, S9 sowie Bus 218, 349, M49, X34)

PARKPLATZ

Parkplatz Drachenberg – 52.500780, 13.249576

FLORA

Mauerpfeffer
Holunder
Wilder Wein

FAUNA

Fuchs
Wildschwein
Rabe

HIGHLIGHTS

- Silvester auf dem Drachenberg
- Sehenswürdigkeiten mit dem Fernglas entdecken
- Beliebter Treffpunkt für Modellflieger

EICHWERDER MOORWIESEN

7

REINICKENDORF – ORTSTEIL LÜBARS
GRÖSSE: 120 HEKTAR

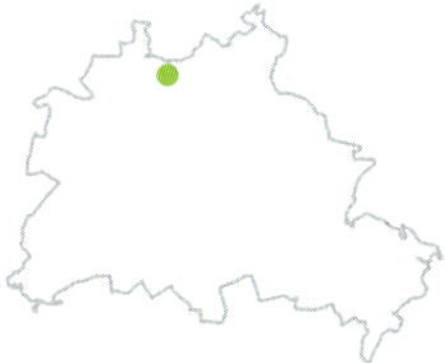

Wie kann etwas so Schönes nur so unbekannt sein? Die Eichwerder Moorwiesen im Norden Berlins zählen zweifellos zu den idyllischsten Orten der Stadt. Die dicht bewachsenen Moorwiesen mit all ihren Gräben und dem Dickicht sind für Tiere ein Paradies, für Menschen jedoch kaum begehbar. Zum Glück gibt es einen sieben Kilometer langen Rundweg, mit Start an der Bushaltestelle Alt-Lübars, der uns sicher durch das Sumpfland führt.

Die vielfältige Vegetation der Landschaft reicht von morastigen Feuchtgebieten bis zu steppenartigen Sandflächen, auf denen Reptilien ihr Sonnenbad nehmen. Das Bachgewässer Tegeler Fließ schlängelt sich über die Wiesen und bietet einen idealen Lebensraum für Insekten, Fische und Raubtiere wie den Fischotter. Über scheinbar endlos langen Getreidefeldern und Wildblumenwiesen kreisen Greifvögel und setzen bei der Beutejagd blitzschnell zur Landung an. Wenn dann noch eine Pferdekarawane an einem vorbeigaloppiert, ist endgültig Schluss mit dem Großstadt-Stress.

Da das angrenzende Lübars als einer der beliebtesten Orte für Pferdebesitzer gilt, ist es hier ganz normal, auf Ross und Fohlen zu treffen. Ein Teil des Rundwegs führt sogar mitten durch die Pferdekoppeln eines Reiterhofs, auf denen man den imposanten Tieren ganz nahekommt.

EICHWERDER MOORWIESEN

TYP

Moorlandschaft mit Streuobstwiesen

NÄCHSTGELEGENE HALTESTELLE

›Alt-Lübars‹ (Bus 222)

PARKPLATZ

Alt-Lübars – 52.620594, 13.357973

FLORA

Sumpfbaldrian
Mauerpfeffer
Sandstrohblume

FAUNA

Pferde
Rehe
Molche

HIGHLIGHTS

- Ungestörte Spaziergänge an jedem Wochentag
- Die Pferdekoppeln im Süden
- Das angrenzende Dörfchen Alt-Lübars

EICHWERDER STEG

8

REINICKENDORF – ORTSTEIL LÜBARS
LÄNGE: 230 METER

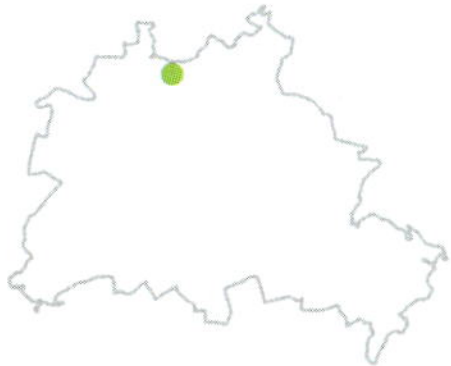

Der Eichwerder Steg ist eine 230 Meter lange Holzbrücke, die mitten durch das wunderschöne Tegeler Fließtal führt. Um die benachbarten Dörfer Lübars und Hermsdorf miteinander zu verbinden, entstand in den 1920er Jahren diese Überführung. Der Grund dafür war, dass sich das morastige Gebiet samt seiner Moorwiesen nicht ohne Hilfsmittel überqueren ließ. Daran hat sich nichts geändert. Noch heute wäre es unmöglich, trockenen Fußes durch das artenreiche Sumpftal zu kommen. Der Steg bietet die einmalige Möglichkeit, ins Innere dieses faszinierenden Biotops zu schauen und Tiere zu beobachten, denen man sonst kaum begegnet.

Da in Berlin nur noch wenige Sumpfgebiete vorhanden sind, trifft man hier auf eine in der Stadt höchst seltene Flora und Fauna, so zum Beispiel auf Pracht-Nelken oder Fischotter. 50 Schautafeln liefern wissenswerte Informationen zu den tierischen und pflanzlichen Einwohnern und verwandeln die Brücke in ein grünes Klassenzimmer.

Ein wahres Vergnügen ist es, den Eichwerder Steg bei Sonnenaufgang zu besuchen und mitzuerleben, wie die Natur erwacht.

EICHWERDER STEG

TYP

Holzbrücke über Sumpfgebiet

NÄCHSTGELEGENE HALTESTELLE

›Veltheimstr./Schildower Str.‹ (Bus 326)

PARKPLATZ

Am Freibad – 52.618735, 13.335960

FLORA

Krebsschere
Sumpfschwertlilie
Birkenwälder

FAUNA

Bekassine
Biber
Fledermaus

HIGHLIGHTS

- Der lehrreiche Naturlehrpfad
- Seltener Blick auf Fischotter möglich
- Einsicht in das Innenleben eines sumpfigen Fließtals

ERPETAL

9

HOPPEGARTEN BEI BERLIN
GRÖSSE: 182 HEKTAR

Wer nichts, aber auch rein gar nichts mehr mit der Großstadt zu tun haben möchte, der sollte das traumhaft schöne Erpetal besuchen. Das Naturschutzgebiet besteht unter anderem aus wilden Blumenwiesen, die in allen erdenklichen Farben blühen und der Lebensraum für seltene Schmetterlinge sind.

Umrandet ist das Gebiet von einem dichten Wald, aus dem in der Nacht Wildschweinrotten ins Tal kommen und liebend gerne den Boden nach Würmern durchwühlen. Im Herbst bieten die golden leuchtenden Bäume eine fast schon unwirkliche Kulisse.

Mitten durch das Erpetal schlängelt sich das Neuenhagener Mühlenfließ: Ein beruhigender kleiner Fluss, an dem man entlang spazieren und dabei jede Menge tierische Wasserbewohner entdecken kann.

Das Highlight – und der Grund, warum Fotografen diesen Ort lieben – ist der sprudelnde Bachlauf an der Heidemühle ganz im Norden. Steht man vor dem schnell fließenden Gewässer, ist ganz fix alles um einen herum vergessen. Und als ob das nicht schon genug wäre, bietet eine Streuobstwiese am Bach einen weiteren Ausblick auf eine reichhaltige Naturlandschaft.

ERPETAL

TYP

Fließgewässer, Feuchtwiesen, Wälder

NÄCHSTGELEGENE HALTESTELLEN

›Waldesruh, Mahlsdorfer Allee‹ (Bus 108) und ›Berlin-Friedrichshagen‹ (S3)

PARKPLATZ

Dahlwitzer Landstraße – 52.479245, 13.643386

FLORA

Pappelwälder
Lichtnelke
Knoblauchsrauke

FAUNA

Biber
Lurch
Moorfrosch

HIGHLIGHTS

- Ein 3,5 Kilometer langer Rundweg mit Beginn an der Mühlenstraße
- Der sprudelnde Bachlauf an der Heidemühle
- Rinderweiden in der Nähe der Erpebrücke

FALKENBERGER RIESELFELDER

10

LICHTENBERG – ORTSTEIL FALKENBERG
GRÖSSE: 85 HEKTAR

Einfach mal wieder durch die Natur streifen und dabei auf möglichst wenig Menschen treffen? Das, und noch weitaus mehr, bieten die Falkenberger Rieselfelder! Das 85 Hektar große Gelände besteht vornehmlich aus Koppeln und Feldern, die von Rindern sowie Pferden bewohnt und landwirtschaftlich gepflegt werden.

Von einer Aussichtsplattform am schmalen Millionengraben im Süden bietet sich ein toller Blick auf das Areal und seine tierischen Bewohner. Mit viel Glück besteht sogar die Chance, die Geburt eines Schottischen Hochlandrinds zu erleben, denn die braunen Riesen grasen hier ganzjährig. Um die eingezäunten Weiden führt ein schön angelegter Rundweg, auf dem nur selten andere Besucher anzutreffen sind.

Je tiefer man in das Gebiet wandert, desto wilder wird die Landschaft. Kurz vor der Landesgrenze zu Brandenburg kommt man sogar nur noch auf Trampelpfaden weiter – jetzt beginnt der Spaß erst richtig! Nun stampft man durch hohes Gras, vorbei an bunt-blühenden Wildblumenwiesen, steht unter Obstbaumalleen und kann Greifvögel bei der Jagd beobachten. Für jeden, der Liebe zur Natur verspürt, dürften die Rieselfelder in Falkenberg ein Genuss sein.

FALKENBERGER RIESELFELDER

TYP

Artenreiche Landschaft

NÄCHSTGELEGENE HALTESTELLE

›Falkenberg‹ (Tram M4, M17)

PARKPLATZ

Hausvaterweg –
52.572708, 13.546491

FLORA

Heide-Nelke
Acker-Filzkraut
Tausendgüldenkraut

FAUNA

Graugans
Wachtel
Mäusebussard

HIGHLIGHTS

- Blick auf Shorthorn- und Hochlandrinder
- Großflächige Sommerblumenwiesen im Norden
- Spazieren unter Obstbaumalleen

FLIESSWIESE RUHLEBEN

11

CHARLOTTENBURG-WILMERSDORF – ORTSTEIL WESTEND
GRÖSSE: 12 HEKTAR

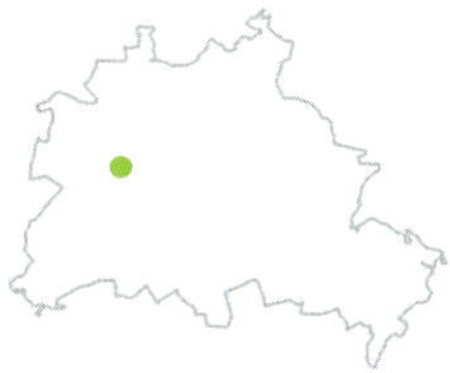

Wer bei dem Namen Fließwiese Ruhleben an eine großflächige Wiesenlandschaft denkt, auf der man einen sonnigen Nachmittag verbringen kann, der wird bitter enttäuscht sein. Glücklicherweise gibt es von solchen Wiesen in Berlin aber genügend. Abwechslungsreiche Biotope wie dieses hier sind heutzutage allerdings kaum noch zu finden.

Die Fließwiese Ruhleben ist ein umzäuntes Moorgebiet, das einen wichtigen Lebensraum für eine Vielzahl geschützter Tier- und Pflanzenarten bietet. Es besteht aus einer langgezogenen Senke und mag auf den ersten Blick sogar etwas verwildert wirken. Doch genau das macht den Ort so interessant für menschenscheue Amphibien und Reptilien. Sogar die Graugans hat hier einen ihrer seltenen Brutplätze im Stadtzentrum gefunden. Den schnatternden Zugvögeln gefällt es in Ruhleben so gut, dass sie oft auf ihren Winterurlaub im Süden verzichten und ganzjährig in Berlin bleiben.

Um das eingezäunte Naturschutzgebiet führt ein Waldweg, von dem aus man tiefblickende Einsicht in die wilde Flora und ihre tierischen Bewohner bekommt. Zahlreiche Sitzbänke laden zu einer Auszeit im Grünen ein, samt betörendem Insektenkonzert.

FLIESSWIESE RUHLEBEN

TYP

Moorlandschaft / Endmoräne

NÄCHSTGELEGENE HALTESTELLE

›Ruhleben‹ (U2 sowie Bus 130, 131)

PARKPLATZ

Murellenweg –
52.521413, 13.235236

FLORA

Sumpf-Segge
Breitblättrige Rohrkolben
Kleine Wasserlinse

FAUNA

Kammmolch
Kranich
Waldspitzmaus

HIGHLIGHTS

- Wunderschöne Wasser- und Schwimmpflanzen
- Idyllische Erholung auf den Parkbänken am Wegesrand
- Blick auf seltene Wasservögel

FREIZEITPARK MARIENFELDE

12

TEMPELHOF-SCHÖNEBERG – ORTSTEIL MARIENFELDE
GRÖSSE: 40 HEKTAR

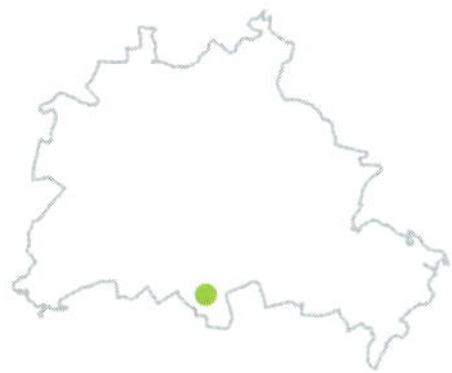

Ein herrlicher Ort zur aktiven Erholung ist der Freizeitpark Marienfelde an der südlichen Stadtgrenze. Unerwartet zwischen Kleingärten und Industriegebiet liegt hier ein kleines Paradies, für das man eigentlich Eintritt verlangen könnte.

Bei dem Begriff »Freizeitpark« denken die meisten wahrscheinlich an Karussell und Zuckerwatte, doch weit gefehlt. Hier ist die Natur die einzige Attraktion! Vor allem in den warmen Monaten kreucht und fleucht es an allen Ecken: Ringelnattern, Molche und Eidechsen sonnen sich auf den Sandwegen und verschwinden schnell ins hohe Gras, wenn man ihnen zu nahekommt.

Dank sorgfältiger Pflege befindet sich der Park in allerbestem Zustand und genießt einen sehr guten Ruf.

Für Spaß sorgt ein 1,5 Kilometer langer Naturerlebnispfad, auf dem neun Stationen zum Mitmachen und spielerischen Lernen einladen. So muss man zum Beispiel das Gleichgewicht auf dem Ringelnatter-Balancierpfad halten oder kann seine Sprungweite mit der von verschiedenen Tieren vergleichen.

An der Spitze des Tempelhofer Alpengipfels – einer 77 Meter hohen Erhebung im Zentrum des Parks – wartet eine Aussichtsplattform mit weitem Blick auf Süd-Berlin und Brandenburg.

Wiesengeflüster

FREIZEITPARK MARIENFELDE

TYP

Geschützte Grünanlage mit Aussichtsplattform

NÄCHSTGELEGENE HALTESTELLE

›Schichauweg‹ (S2 sowie Bus 175, 275, X83)

PARKPLATZ

Am Freizeitpark Marienfelde – 52.404505, 13.363658

FLORA

Obstbäume
Weidenkätzchen
Wasserlinsen

FAUNA

Schafe
Eidechsen
Molche

HIGHLIGHTS

- Der Naturgucker- und Wahrnehmungspfad
- Lehrreiche Veranstaltungen in der Naturschutzstation
- Das Gehege eines zutraulichen Wildschweins am Diedersdorfer Weg

GROSSE KRAMPE

13

TREPTOW-KÖPENICK – ORTSTEIL MÜGGELHEIM LÄNGE: 3,3 KILOMETER

»*Große Krampe*? Noch nie gehört!« So geht es wohl den meisten, wenn man ihnen von der versteckten Bucht in Köpenick erzählt. Schwer zu glauben, aber scheinbar hat sich dieses Paradies bei den Berlinern noch nicht herumgesprochen. Dabei hat der malerische Ort alles, was man sich als Naturliebhaber nur wünschen kann!

Die Große Krampe ist ein Nebenfluss der Dahme und zieht eine Schneise durch den Köpenicker Forst. Das Gewässer ist also von beiden Seiten von Wald umgeben und das macht es so besonders reizvoll.

Für einen Besuch empfiehlt sich vor allem der Uferweg an der Straße Hallgarter Steig im Ortsteil Müggelheim. Der Weg verläuft knapp 1,5 Kilometer Richtung Süden und bietet eine dauerhaft freie Sicht auf das Wasser.

Ob bei klirrender Kälte oder bei 35 Grad im Schatten, die Bucht verspricht zu jeder Jahreszeit einen erholsamen Spaziergang. Da die Große Krampe zu den offiziellen Berliner Badegewässern zählt, kann ein langer Waldmarsch mit einem erfrischenden Bad im kühlen Nass gekrönt werden. Da der Fluss nur 100 Meter breit ist, lässt es sich sogar problemlos zum gegenüberliegenden Ufer schwimmen und von dort aus weiter zum schönen Seddinsee wandern.

GROSSE KRAMPE

TYP

Bucht im Waldgebiet

NÄCHSTGELEGENE HALTESTELLE

›Alt-Müggelheim‹ (Bus 169, 369)

PARKPLATZ

Str. zur Krampenburg –
52.389267, 13.649246

FLORA

Birken- und Kiefernwald
Schlangenknöterich
Seerosen

FAUNA

Wildschweine
Hechte
Biber

HIGHLIGHTS

- Offizielle Badestelle mit Sandstrand
- Totale Abgeschiedenheit
- Wanderwege führen bis zum Müggelsee

GUTSPARK NEUKLADOW

14

SPANDAU – ORTSTEIL KLADOW
GRÖSSE: 19 HEKTAR

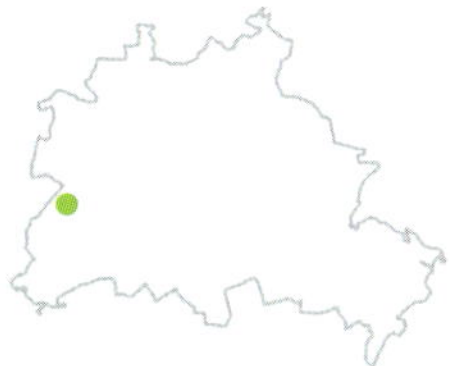

Dieser Ausblick! Der Gutspark Neukladow im Spandauer Süden ist für Natur- sowie Kulturinteressierte ein echter Geheimtipp und bietet zusätzlich den vielleicht schönsten Blick auf die Havel.

Im Zentrum der hügeligen Parkanlage kann man das Gutshaus Neukladow entdecken, das bereits im Jahr 1800 erbaut wurde und heute als Ausflugslokal dient. Neben Speis und Trank gibt es hier regelmäßig Lesungen, Festivals und Ausstellungen. Das Gutshaus befindet sich auf einem natürlichen Plateau, von dem aus man einen weiten Blick auf die Havel, hinüber zum Wannsee und auf die vielen Wassersportler hat.

Entlang der südlichen Seite des Parks führt der 371 Kilometer lange Havelradweg. Auch Spaziergänger können den beliebten Radfernweg nutzen und von hier aus zum Beispiel eine Tour hinauf zur Spandauer Altstadt starten.

Ein heiß begehrter Ort ist außerdem die Badewiese am Fuße des Gutshauses, an der man kopfüber ins kühle Nass tauchen kann. Umgeben von hohen Wildgraswiesen und Obstbäumen, lassen sich dort herrliche Stunden verbringen.

Im Norden der Anlage ist die Landschaft sehr naturbelassen und nahezu wild. Trampelpfade führen mal auf, mal ab, durch die mystische Wolfsschlucht und sonnengeflutete Täler. Von hohen Eichen umgeben, bekommt man von der Großstadt im Nacken absolut nichts mehr mit.

GUTSPARK NEUKLADOW

TYP

Landschaftspark an der Havel mit historischem Gutshaus

NÄCHSTGELEGENE HALTESTELLE

›Finnenhaus-Siedlung‹ (Bus 134, X34, 697)

PARKPLATZ

Imchenallee – 52.453008, 13.149399

FLORA

Fieberklee
Eine 300-jährige Eiche
Frauenfarn

FAUNA

Dachs
Feldhasen
Großer Abendsegler

HIGHLIGHTS

- Die von Obstbäumen gesäumte Badewiese im Süden
- Der große Wildfarn in der Wolfsschlucht
- Die rote Bank auf dem Plateau mit Havelblick (52.456639, 13.159537)

HALBINSEL PICHELSWERDER

15

SPANDAU – ORTSTEIL WILHELMSTADT
GRÖSSE: 40 HEKTAR

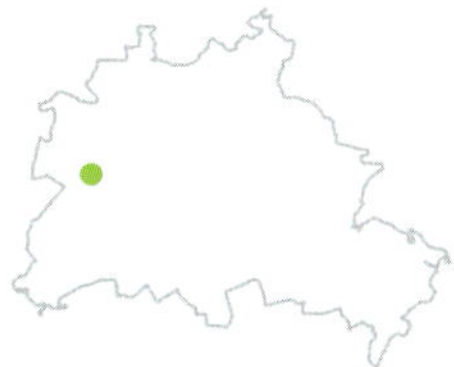

Die Heerstraße ist eine der längsten und meistbefahrenen Verkehrsstraßen der Stadt und erweckt nicht gerade den Eindruck eines Erholungsgebiets. Doch biegt man in den unscheinbaren Siemenswerderweg ab, ist man plötzlich auf der Halbinsel Pichelswerder und fühlt sich, als wäre man nicht mehr in Berlin.

Im 19. Jahrhundert wurde auf der Spandauer Flussinsel noch bis tief in die Nacht gefeiert und deftig gespeist. Rund zehn Wirtshäuser und Lokale sorgten damals für ein reges Treiben. Heute ist alles anders: Hier kommt her, wer endlich mal wieder abschalten und durch die Natur streifen möchte.

Die 40 Hektar große Halbinsel ist komplett bewaldet und eine Miniaturausgabe des gegenüberliegenden Grunewalds. Die Uferstellen sind frei zugänglich und mit jeder Menge versteckter Buchten versehen.

Am Rande des Hauptweges schaut eine unauffällige Steintreppe zwischen dichten Büschen hervor – jetzt bloß nicht weiterlaufen! Die Stufen führen zu einer Erhebung, auf der man einen fantastischen Ausblick auf Spandau und die Havel bekommt. Zum krönenden Abschluss gibt es die Gelegenheit, sich an den Sandstrand des Stößensees zu legen – ganz im Osten der Insel – und die Füße im kühlen Wasser baumeln zu lassen, während Kaulbarsche um einen herumschwimmen.

HALBINSEL PICHELSWERDER

TYP

Flussinsel mit Badestrand

NÄCHSTGELEGENE HALTESTELLE

›Pichelswerder‹ (Bus M49)

PARKPLATZ

Siemenswerderweg – 52.509587, 13.208105

FLORA

Wiesenraute
Kiefernwald
Sumpf-Dotterblume

FAUNA

Fledermäuse
Unken
Fischotter

HIGHLIGHTS

- Die Aussicht von der Erhebung
- Entspannte Stunden auf dem Steg (52.503077, 13.199609)
- Eines der schönsten Hundeauslaufgebiete in Berlin

HASENHEIDE

16

NEUKÖLLN, AN DER GRENZE ZU KREUZBERG
GRÖSSE: 47 HEKTAR

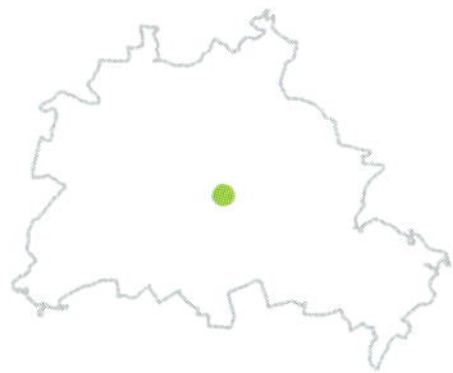

In unmittelbarer Nähe zum Hermannplatz erwartet man vieles, aber keinen erholsamen Waldpark, in dem einem Eichhörnchen aus der Hand fressen und Fischreiher in einem Biotop jagen. Doch genau so ist es! Im sonst eher grauen Nord-Neukölln ist die 47 Hektar große Hasenheide der erholsame grüne Fleck, in dem man Ruhe findet.

Sie konnte das einst negative Image längst abschütteln und zählt heute zu den gefragtesten Parkanlagen der Innenstadt. Neben allerhand Freizeitangeboten wie dem schönen Tierpark, einem Freiluftkino und einer Minigolfanlage ist es vor allem die wilde Natur, die einen total verblüfft.

Spaziergänger sollten gut gestärkt sein, denn es geht auf und ab – teilweise sogar 68 Meter hoch. Das Gelände entstand auf einem Hang des historischen Berliner Urstromtals und wurde zusätzlich mit Trümmerschutt aus dem Zweiten Weltkrieg aufgeschüttet. Heute sind hier vor allem satte Wiesen und ein sehr alter Baumbestand zu finden, der für Wald-Atmosphäre mitten in Neukölln sorgt. Auf einem Baumlehrpfad wird der »Baum des Jahres« präsentiert, begonnen im Jahr 1989 bis zum aktuellen Jahressieger.

Im südlichen Teil des Parks, gegenüber eines Friedhofs, entstand 2019 eine Steganlage, die Einblick in den Rixdorfer Teich ermöglicht. Hier sind Wildvögel, Amphibien und Insekten zu sehen, die das von einem Schilfgürtel gesäumte Gewässer zum Nisten und Jagen nutzen.

HASENHEIDE

TYP

Hügeliger Volkspark

NÄCHSTGELEGENE HALTESTELLE

›Südstern‹ (U7)

PARKPLATZ

Hasenheide – 52.488070, 13.415377

FLORA

Mauerpfeffer
Holunder
Wilder Wein

FAUNA

Füchse
Teichhühner
Eichhörnchen

HIGHLIGHTS

- Der kostenfreie ›Tierpark Neukölln‹ im Norden des Parks
- Picknicken in der großen Senke (52.484992, 13.414480)
- Die Jahn-Eiche im Südosten – eine 300 Jahre alte Stieleiche

HAVELUFER IM GRUNEWALD

17

CHARLOTTENBURG-WILMERSDORF – ORTSTEIL GRUNEWALD
LÄNGE: 3 KILOMETER

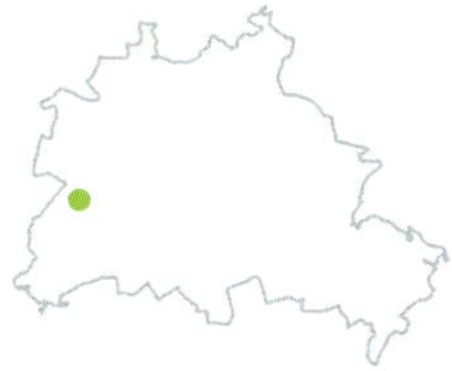

Mit bis zu 100 Millionen Besuchern jährlich ist der Grunewald das mit Abstand beliebteste Ausflugsziel in der Berliner Natur. Aufgrund seiner enormen Größe von 3.000 Hektar kommen jedoch bei vielen Leuten Fragen auf: Wo ist es am schönsten, wo habe ich meine Ruhe und kann durch die Natur spazieren? Die Antwort lautet: Am Havelufer zwischen der Lieper Bucht und der Halbinsel Schildhorn!

Hier führt ein knapp drei Kilometer langer Spazierweg am westlichen Rand des Grunewalds und direkt an der Havel entlang. Mit dem Wald auf der einen und dem Fluss auf der anderen Seite ergeben sich hier herrliche Bilder. Für eine Pause bieten sich mehrere Sandstrände samt Holzsteg an, oder man nutzt die wilden Uferstellen zwischen hohem Schilf und genießt das Plätschern des Wassers.

Über die Havel schaut man auf die Spandauer Ortsteile Kladow und Gatow, die dortigen Segelclubs und Bauerngärten. Wem nach Kiefernduft und Wildschweinen ist, der biegt einfach in die Tiefen des Grunewalds ab und atmet jede Menge frische Waldluft ein.

HAVELUFER IM GRUNEWALD

TYP

Sandige Uferpromenade
im Waldgebiet

NÄCHSTGELEGENE HALTESTELLE

›Grunewaldturm‹ (Bus 218)

PARKPLATZ

Havelchaussee –52.469266, 13.197705

FLORA

Sauerampfer
Johanniskraut
Eichenwald

FAUNA

Steinbeißer
Eisvögel
Schwäne

HIGHLIGHTS

- Baden an der Lieper Bucht
- ›Wald.Berlin.Klima‹ – Die Ausstellung im Wald
- Die Aussichtsplattform auf dem Grunewaldturm

JUNGFERNHEIDE & FLUGHAFENSEE

18

REINICKENDORF – ORTSTEIL TEGEL
GRÖSSE: 274 HEKTAR

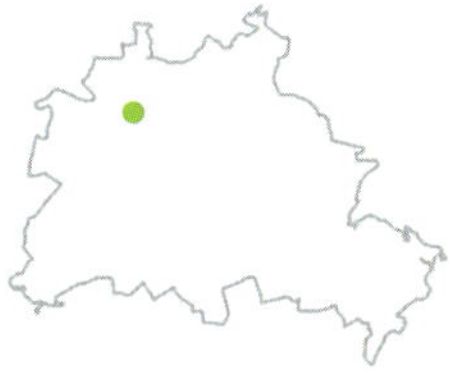

In direkter Nachbarschaft zum ehemaligen Flughafen Tegel und der Bundesautobahn 111 erwartet man wohl keinen erholsamen Rückzugsort samt Vogelschutzreservat – doch weit gefehlt!

Spazieren in der Jungfernheide bedeutet aktive Erholung: Nach Betreten des Waldes ist vom Trubel drumherum nichts mehr mitzubekommen. Hier schlendert man unter tiefgrünen Bäumen, die den umliegenden Straßenlärm schlucken und für eine erholsame Atmosphäre sorgen.

Spannend wird es im südlichen Teil, dort führt nämlich ein kleiner Trampelpfad direkt am Zaun der ehemaligen Landebahn des TXL entlang und ermöglicht interessante Ansichten von dem Gelände.

Mit einer Größe von 274 Hektar gehört der Forst Jungfernheide zwar zu den kleineren Wäldern der Stadt, doch hat er im Gegensatz zu seinen größeren Mitstreitern noch ein Ass im Ärmel. Am nordöstlichsten Punkt des Waldes befindet sich nämlich der Flughafensee – der tiefste See Berlins – dessen Besuch am Ende eines langen Waldspaziergangs den perfekten Abschluss bietet. Der 34 Meter tiefe See ist offizielles Badegewässer und verfügt über große Sandstrände und abgelegene Buchten. Drei Aussichtstürme liefern außerdem einen wunderbaren Blick auf den See und das unzugängliche Vogelschutzgebiet.

JUNGFERNHEIDE & FLUGHAFENSEE

TYP

See und Sandstrand mitten im Wald

NÄCHSTGELEGENE HALTESTELLE

›Maienwerderweg‹ (Bus 133)

PARKPLATZ

Werdohler Weg –
52.570845, 13.281389

FLORA

Heidekraut
Färber-Ginster
Schwarzweide

FAUNA

Waldkauz
Eisvögel
Flussregenpfeifer

HIGHLIGHTS

- Einer der schönsten Badeseen der Stadt
- Friedliche Wildschweinrotten auch am Tage
- Strandspaziergang zum Sonnenuntergang

KAROWER TEICHE

19

PANKOW – ORTSTEIL KAROW
GRÖSSE: 128 HEKTAR

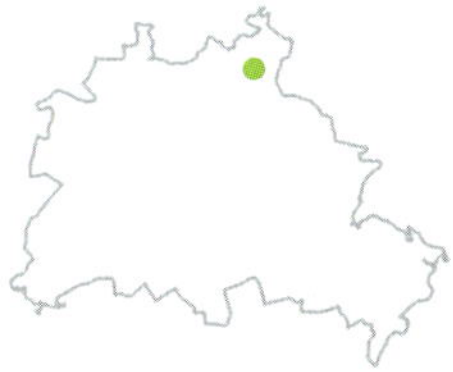

Wildpferde, Schlangen, Greifvögel – und keine 500 Meter entfernt liegt der nächste Supermarkt. Im Naturschutzgebiet Karower Teiche herrschen ganz eigene Regeln, die mit der umgebenden Nachbarschaft nichts zu tun haben. Nach Betreten des 128 Hektar großen Areals ist von Großstadt keine Spur mehr. Straßenlärm wird durch Vogelgesang ersetzt und anstatt Abgase riecht man nun Pferdemist.

Ein Rundweg schickt Besucher zu vier großen Teichen, die von großen Wiesenlandschaften und Tierweiden umgeben sind. Vor jedem See steht eine Aussichtsplattform, von der man einen Blick auf die artenreichen Gewässer und deren Wasserpflanzen bekommt. Für Ornithologen aus ganz Deutschland sind die Teiche längst ein bekannter Anlaufpunkt, denn sie zählen zu einem bedeutenden Brutgebiet für bedrohte Spezies. Nährstoffarme Trockenrasen, mannshohe Schilfpflanzen, Obstbäume und wildwachsendes Getreide sind nur einige der Naturschönheiten, denen man bei einem Besuch begegnet.

Besonders spannend sind die riesigen Koppeln, die von Englischen Parkrindern und Konik-Pferden bewohnt sind. Beide Tierarten gelten als äußerst robust und grasen ganzjährig auf den großflächigen Weiden. Wer seinen Ausflug im Grünen fortsetzen möchte, der folgt der Panke, dem schmalen Gewässer am östlichen Rand. Der sogenannte Pankeweg führt zur Bogenseekette an dem schon das nächste Natur-Abenteuer wartet.

KAROWER TEICHE

TYP

Artenreiches Naturschutzgebiet

NÄCHSTGELEGENE HALTESTELLE

›Karow‹ (S2 sowie Bus 350)

PARKPLATZ

Bucher Straße –
52.623373, 13.456052

FLORA

Sumpf-Dotterblume
Echte Zaunweide
Glatthafer-Wiesen

FAUNA

Pirol
Kuckuck
Ringelnatter

HIGHLIGHTS

- Über 340 Wildpflanzenarten
- Vier Teiche mit zahlreichen Amphibien und Reptilien
- Aussichtsplattformen bieten Sicht auf die unzugänglichen Bereiche

KAULSDORFER SEEN 20

MARZAHN-HELLERSDORF – ORTSTEIL KAULSDORF
GRÖSSE: 95 HEKTAR

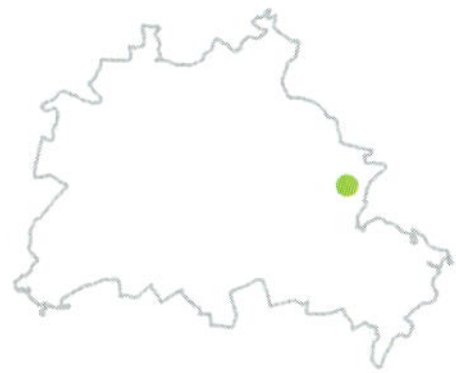

Ein Waldgebiet, der Habermannsee und der Butzer See bilden zusammen das Landschaftsschutzgebiet Kaulsdorfer Seen in Marzahn-Hellersdorf. Auf insgesamt 95 Hektar können Besucher durch die grüne Natur streifen und genießen hierbei einen ständigen Blick auf die friedvollen Gewässer. Dabei gibt es einen dauerhaften Zugang zum Ufer und die Möglichkeit, in herrlicher Atmosphäre barfuß über den Sandstrand zu schlendern. Im Gegensatz zu vielen anderen Berliner Seen gibt es hier keinerlei private Uferbereiche oder Segelclubs, die einem kilometerlangen Spaziergang am Wasser im Wege stehen.

Trotz der großen Beliebtheit lassen sich am »Kauli« selbst in den warmen Sommermonaten genügend einsame Ecken finden. Besonders erholsam sind die Plätze im Norden, wo man zwischen dichtem Schilfrohr sitzt, das sich schützend um einen legt und den Stadtlärm abschirmt.

Aufgrund variierender Wasserstände entstehen am Habermannsee oft Sandbänke, weshalb häufig angenommen wird, dass es sich hier um zwei Seen handelt. So eine Sandbank lässt sich auch mal schnell zur eigenen kleinen Insel umfunktionieren, die sich ideal zum Picknicken oder für ein Sonnenbad eignet.

KAULSDORFER SEEN

TYP

Seenlandschaft mit kleinem Wald

NÄCHSTGELEGENE HALTESTELLE

›Ledebourstr.‹ (Tram 62, 63)

PARKPLATZ

Goldregenstraße –
52.496118, 13.600596

FLORA

Pappelwald
Farnpflanzen
Wiesen-Glockenblume

FAUNA

Aale
Stockenten
Wildschweine

HIGHLIGHTS

- Die kilometerlangen Sandstrände
- Flache Wasserläufe – ideal für Kinder
- Ein Winterspaziergang um die tiefblauen Seen

KÖNIGSHEIDE

21

TREPTOW-KÖPENICK – ORTSTEIL JOHANNISTHAL GRÖSSE: 110 HEKTAR

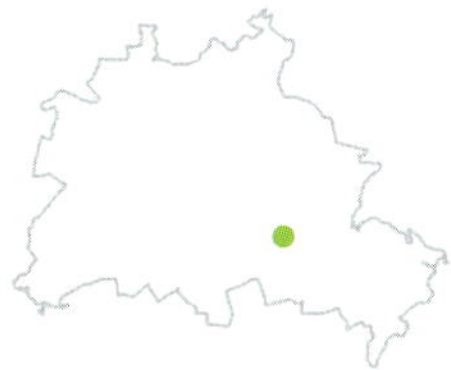

Ein verträumter Wald für stundenlange Wanderungen, rotgoldene Blätter zur Herbstzeit, knirschende Tannenzapfen unter den Füßen und frische Luft gefällig? Um das zu bekommen, braucht der Berliner nur 15 Minuten Fahrzeit aus dem Stadtzentrum. Die Königsheide ist von großen Verkehrsstraßen umgeben und macht von außen einen sehr unscheinbaren Eindruck – vielleicht ist das der Grund für ihre gegenwärtige Unbekanntheit.

Das 110 Hektar große Areal ist optisch eine Mischung aus einem naturreichen Park und einem klassischen Mischwald mit Laub- und Nadelbäumen. Besonders ist der nährstoffreiche Talsandboden, auf dem stadtfremde Kräuter und Pflanzen wachsen. Auch die Baumart Robinie, die man eher aus dem Raum Nordamerika kennt, konnte sich hier ansiedeln. Lichtdurchflutete Stellen zwischen den dicht stehenden Riesen ermöglichen sogar Kirsch- und Schlehenbäumen das Wachstum. Im Frühling schimmert durch all das Grün also auch noch etwas Rosa und Weiß.

Einige ausgeschilderte Stellen des Waldgebietes werden weder bewirtschaftet noch gepflegt, sondern der natürlichen Entwicklung überlassen. Diese Gegebenheiten bieten einen interessanten Blick auf die Eigenregulierung des Waldes und zeigen unter anderem, wie die Natur sich selbst von Totholz befreit.

KÖNIGSHEIDE

TYP

Mischwald mit kleinem Teich

NÄCHSTGELEGENE HALTESTELLE

›Südostallee/Königsheide‹ (Bus 166)

PARKPLATZ

Südostallee –
52.456945, 13.499546

FLORA

Schafschwingel
Sand-Strohblume
Wachtelweizen

FAUNA

Hasen
Waldmäuse
Spechte

HIGHLIGHTS

- Untypischer, mediterraner Baumbestand
- Amphibien und Insekten am Königsheideteich
- Pilze sammeln im Herbst

KÖRNERPARK

22

NEUKÖLLN – ORTSTEIL NEUKÖLLN
GRÖSSE: 2,4 HEKTAR

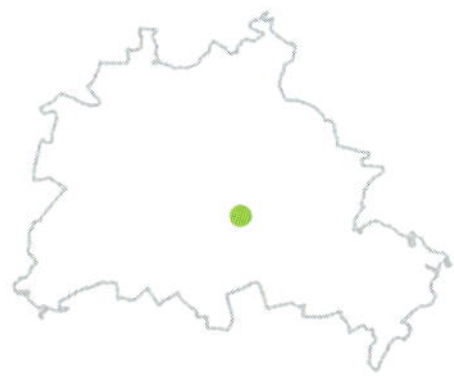

Der Körnerpark in Neukölln ist das ideale Beispiel dafür, wie viele Gesichter Berlin hat. Das Viertel rund um die Hermann- und Karl-Marx-Straße schleppt seit jeher einen negativen Ruf mit sich herum. Spätestens seit der Serie »4 Blocks« kennt das ganze Land die »dunkle Seite« des Bezirks.

Ein Ort allerdings spielt bei diesem Thema nie eine Rolle, da er das gesamte Schmuddel-Image zerstören würde. Die kleine Ruheoase namens Körnerpark ist von außen betrachtet absolut unscheinbar.

Über eine Treppe mit italienisch anmutender Balustrade gelangt man knapp sieben Meter in die Tiefe, denn die Anlage befindet sich unterhalb der Straßenhöhe. Unten angekommen ist der Trubel der Umgebung sofort vergessen und man traut seinen Augen nicht: Wasserbassins, bewucherte Fassaden hinter Blumenbeeten, römische Kübelpflanzen, Palmen auf einer großen Terrasse, die zu einer Orangerie führen. Umrandet von hohen Mauern, wird der umliegende Straßenlärm abgeschirmt und man fühlt sich wie in einem Kessel voller Natur und Ruhe. Bei einem Besuch im Körnerpark wird deutlich, warum man diesen Ort auch »Neuköllns Sanssouci« nennt.

KÖRNERPARK

TYP

Barocke Gartenanlage

NÄCHSTGELEGENE HALTESTELLE

›Neukölln‹ (U7 sowie S41, S42, S45, S46)

PARKPLATZ

Schierker Straße – 52.470854, 13.438159

FLORA

Platanen
Zierbeete
Kübelpflanzen

FAUNA

Stadtbienen
Schmetterlinge
Heuschrecken

HIGHLIGHTS

- Das kleine Café auf der Terrassenanlage
- Große Pflanzenkübel auf den Mauern zur Orangerie
- Die Sitzbänke im bunten Blumengarten

KRUMME LAAKE

23

TREPTOW-KÖPENICK – ORTSTEIL MÜGGELHEIM
GRÖSSE: 6 HEKTAR

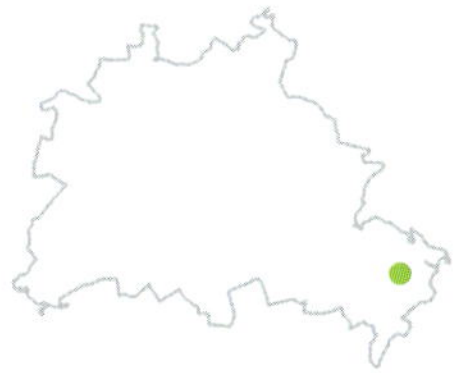

Einsam und verträumt liegt der See Krumme Laake mitten in einem Sumpfgebiet im Ortsteil Müggelheim. Den Anblick des geheimnisvollen Gewässers muss man sich erst mit einem Fußmarsch durch ein bewaldetes Moorgebiet verdienen, das den See umgibt. Wegweiser sind nicht vorhanden, nur das Geschnatter der Enten dient ein wenig zur Orientierung.

Die kleine Wanderung ist dank der malerischen Landschaft und dem intensiven Kiefernduft eher ein Vergnügen als anstrengend und der perfekte Start für einen Ausflug ins Grüne.

Angekommen am See ist es zuerst die Sumpf-Flora, die einem ins Auge springt. Aufgrund der dauerfeuchten und oft sonnendurchfluteten Uferbereiche konnten sich hier sogar fleischfressende Pflanzen wie der klebrige Sonnentau ansiedeln.

Zahlreiche freie Stellen zwischen den Bäumen gewähren einen herrlichen Blick auf das Wasser und seine tierischen Bewohner. Einer der schönsten Plätze ist das mit Gras bewachsene Plateau auf der Ostseite, das sich für ein romantisches Picknick mit Seeblick anbietet. Besonders empfehlenswert ist ein Besuch in den Abendstunden, wenn die untergehende Sonne hinter den Baumkronen abtaucht und die nachtaktiven Waldtiere auf Futtersuche gehen.

KRUMME LAAKE

TYP

See im Wald

NÄCHSTGELEGENE HALTESTELLE

›Odernheimer Str.‹ (Bus 169)

PARKPLATZ

Gosener Landstraße –
52.403659, 13.699652

FLORA

Sonnentau
Torfmoos
Wollgras

FAUNA

Füchse
Rehe
Ringelnattern

HIGHLIGHTS

- Wilde Natur und menschenleere Spazierwege
- Offene Fischmünder zwischen den Seerosen auf Insektenjagd
- Die artenreichen Feuchtwiesen im Norden des Sees

LANDSCHAFTSPARK HERZBERGE

24

LICHTENBERG – IM GLEICHNAMIGEN ORTSTEIL
GRÖSSE: 100 HEKTAR

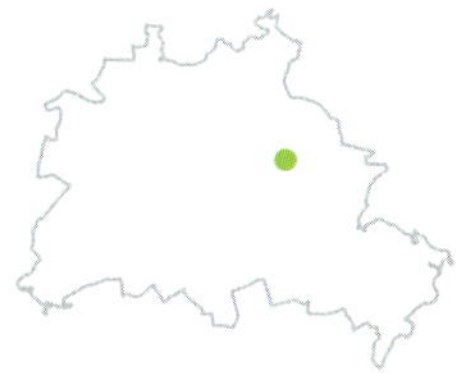

Wie man sich den Landschaftspark Herzberge vorstellen kann? Irgendetwas zwischen Bauernhof, Waldgebiet und Outdoor-Sportplatz. Noch bis 2007 war hier nichts zu finden, außer ungenutzte Industriehallen sowie verwilderte Brachflächen. Dank kluger Ideen und beherztem Anpacken entstand eine der abwechslungsreichsten Parkanlagen Berlins, die sogar wegweisend für Urban-Farming gilt.

Der Landschaftspark ist aufgeteilt in drei Abschnitte: Im nördlichen Teil befindet sich ein kleines Wäldchen mit einem Trimm-Dich-Pfad und mehreren Teichen. Die eingezäunten Gewässer sind ausgestattet mit Informationstafeln zu den Amphibien und Reptilien, die sich dort ungestört beobachten lassen.

Im Zentrum stehen große Tierweiden, auf den unter anderem Pommersche Landschafe leben. Die Tiere beweiden knapp 20 Hektar Grünfläche und werden von einem erfahrenen Schäfer gehütet. Die regelmäßige öffentliche Schafschur ist ein sehenswertes Erlebnis und gewährt großen wie kleinen Stadtkindern einen Blick auf traditionelle Landwirtschaft.

Der südliche Teil gehört der Stadtfarm, deren Produkte man auf dem hauseigenen Markt käuflich erwerben kann. Viele der Beete befinden sich auf dem öffentlich zugänglichen Parkgelände und können ganzjährig eingesehen werden.

LANDSCHAFTSPARK HERZBERGE

TYP

Landschaftsschutzgebiet mit Urban-Farming

NÄCHSTGELEGENE HALTESTELLE

›Friedrichsfelde-Ost‹ (S5, S7, S75 sowie Bus 192, 194)

PARKPLATZ

Allee der Kosmonauten – 52.523768, 13.510277

FLORA

Goldhafer
Rauer Löwenzahn
Glockenblume

FAUNA

Turmfalken
Knoblauchkröte
Buchfinken

HIGHLIGHTS

- Frisches Gemüse auf dem Markt kaufen
- Die kleinen Lämmer auf der Schafskoppel
- Mosaikskulpturen, die an den *Park Güell* in Barcelona erinnern

LANDSCHAFTSPARK JOHANNISTHAL

25

TREPTOW-KÖPENICK – ORTSTEIL JOHANNISTHAL/ADLERSHOF GRÖSSE: 65 HEKTAR

Auf dem Gelände eines ehemaligen Flugplatzes befindet sich seit dem Jahr 2000 der weitläufige Landschaftspark Johannisthal. Der Park hat eine Gesamtgröße von 65 Hektar, wovon 26 Hektar aus einem artenreichen Naturschutzgebiet bestehen, das nicht betretbar ist. Es ist von einer Steinmauer umrandet, kann aber problemlos von den erhöhten Holzstegen, die an der Mauer entlanglaufen, eingesehen werden.

Auf dem Rundweg bekommt man einen Blick auf die üppig bewachsene Landschaft, die mit rund 245 Wildpflanzen und weit über 100 Bienenarten ein bunt-summendes Idyll darbietet. Das Naturschutzgebiet ist nicht nur ein wichtiger Standort für seltene Pflanzen- und Insektenarten, sondern zählt auch zu Berlins größtem Lerchen-Brutgebiet.

Zahlreiche Schautafeln liefern Informationen über die floralen Bewohner des Biotops. Die landschaftliche Pflege übernimmt eine Schafherde, die als natürlicher Rasenmäher ihre Arbeit verrichtet und in aller Gemütlichkeit über die Wiesen wandert.

Abseits des Rundweges gibt es sogenannte Stadtgärten, in denen man sich entweder ins hohe Gras legen, grillen oder sportlich aktiv werden kann. Zum Beispiel findet man hier eine der wenigen Dirt-Bike-Bahnen Berlins und ein Beachvolleyballfeld.

LANDSCHAFTSPARK JOHANNISTHAL

TYP

Landschaftspark mit unzugänglichen Schutzgebieten

NÄCHSTGELEGENE HALTESTELLE

›Akeleiweg‹ (Bus 160)

PARKPLATZ

Walter-Huth-Straße – 52.438147, 13.512849

FLORA

Heide-Nelke
Natternkopf
Schafgarbe

FAUNA

Haubenlerchen
Warzenbeißer
Rotfüchse

HIGHLIGHTS

- Ein »Workout-Park«, Höhe der Hermann-Dorner-Allee
- Blick auf brütende Vögel – Fernglas empfohlen
- Ein Grillabend auf den ausgewiesenen Flächen

LANDSCHAFTSPARK RUDOW-ALTGLIENICKE

26

NEUKÖLLN UND TREPTOW-KÖPENICK
GRÖSSE: 64 HEKTAR

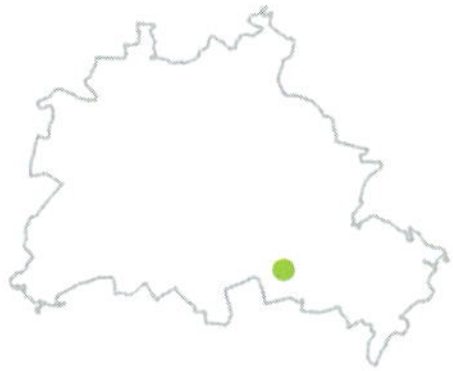

Der Landschaftspark entstand 2009, der Umwelt und den Anwohnern zuliebe, als Ausgleichsmaßnahme für den Bau einer angrenzenden Bundesautobahn. Dass so etwas Idyllisches neben einer viel befahrenen Straße entstehen würde, hätte wohl niemand geahnt.

Auf einer Fläche von 64 Hektar dürfen sich Besucher auf jede Menge Erholung und Platz für einen ausgedehnten Spaziergang im Grünen freuen. Ackerblumenfelder, Obstwiesen und allen voran das Glienicker Fenster, eine fünf Meter hohe Böschung, auf der wilder Wein wächst, verpassen dem grauen Viertel einen ländlichen Charme.

Ein Highlight wird der Gang zu den Tierweiden: Vom Frühjahr bis zum Herbst grasen hier Pferde und Kühe, die ihre Arbeit als natürliche Rasenmäher verrichten. Den größten Teil der Tierweiden bewohnen asiatische Wasserbüffel. Die gehörnten Riesen ziehen in aller Seelenruhe ihre Runden und kommen dem Menschen erstaunlich nah. Der Anblick dieser gewaltigen Tiere und der Altglienicker Plattenbausiedlung im Hintergrund geben ein einmaliges Bild ab.

LANDSCHAFTSPARK RUDOW-ALTGLIENICKE

TYP

Erholungsgebiet mit Tierweiden

NÄCHSTGELEGENE HALTESTELLE

›Willi-Meisel-Weg‹ (Bus 372)

PARKPLATZ

Siriusstraße – 52.402326, 13.522557

FLORA

Wilder Wein
Lavendel
Vergissmeinnicht

FAUNA

Kühe
Feldhasen
Füchse

HIGHLIGHTS

- Wasserbüffel aus nächster Nähe beobachten
- Den angrenzenden Mauerweg für eine Fahrradtour nutzen
- Die Picknickdecke auf der Streuobstwiese Altglienicke ausbreiten

LANDZUNGE SCHILDHORN

27

CHARLOTTENBURG-WILMERSDORF – ORTSTEIL GRUNEWALD
GRÖSSE: 6 HEKTAR

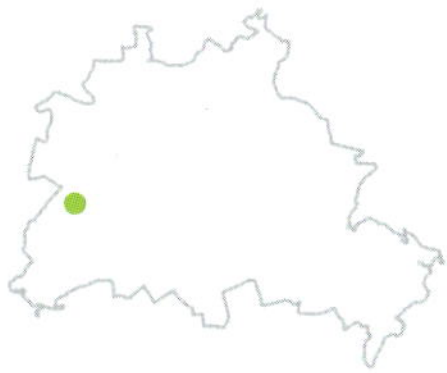

Galt Schildhorn bis 1900 noch als absolutes Lieblingsziel der Berliner Spaziergänger, kennt den Ort heute kaum noch jemand. Schildhorn ist eine knapp 450 Meter lange Landzunge in den Tiefen des Grunewalds. Aus der Luft betrachtet sieht es aus, als steche die kleine Halbinsel wie ein spitzer Dorn in die Havel.

Trotz der überschaubaren Größe empfiehlt sich die schöne Bucht zu jeder Jahreszeit für einen entspannten Abstecher ins Grüne. Um das Idyll zu erkunden, gibt es einmal den Rundweg, der am mit Wildrosen und Traubenkirschen bewachsenen Ufer entlangführt. Zusätzlich führen steile Treppen zu einer Erhebung, auf der man einen herrlichen Blick auf die Havel und ihre Umgebung bekommt. Dort oben gibt es außerdem die Gelegenheit, das Schildhorndenkmal zu bestaunen und auf einer dazugehörigen Schautafel mehr über die bekannte Volkssage von Fürst Jaczow und Albrecht dem Bären zu erfahren.

An der nördlichsten Spitze Schildhorns befindet sich zusätzlich ein Sandstrand, der zum Schwimmen in der Havel und einem Sonnenbad einlädt.

LANDZUNGE SCHILDHORN

TYP

Halbinsel im Grunewald

NÄCHSTGELEGENE HALTESTELLE

›Schildhorn‹ (Bus 218)

PARKPLATZ

Straße am Schildhorn – 52.493158, 13.198025

FLORA

Sandbirken
Robinien
Weidelgras

FAUNA

Drosselrohrsänger
Blindschleichen
Grüne Flussjungfer

HIGHLIGHTS

- Ein Vogelkonzert am frühen Morgen
- Die Aussicht auf die Havel von der Erhebung
- Die offizielle Badestelle mit Sandstrand im Norden

LEISE-PARK

28

PANKOW – ORTSTEIL PRENZLAUER BERG
GRÖSSE: 1,6 HEKTAR

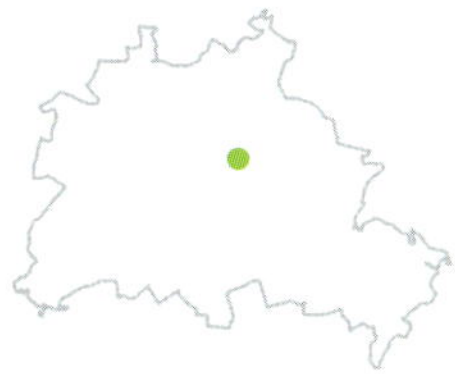

Von außen lässt sich noch nicht erahnen, was sich hinter der mit Graffiti zugesprayten Steinmauer des Leise-Parks befindet. Ein kleines Eingangstor in einer Seitenstraße des Kollwitzkiezes gewährt ganzjährig von acht Uhr bis zum Einbruch der Dunkelheit Zutritt. Das, was hier geboten wird, ist beispiellos und macht den Park zu einer der interessantesten Anlagen Berlins!

Auf einem ehemaligen Teilstück eines Friedhofs entstand 2012 dieser beschauliche Fleck Erde mit verwunschener Natur. Der nur 1,6 Hektar große Park (im Vergleich: Der Große Tiergarten misst 210 Hektar) ist sehr naturbelassen, teilweise wild, jedoch in einem sehr gepflegten Zustand. Die unerwartete Oase im beliebten Szene-Viertel ist mit all den dicht bewachsenen Bäumen fast schon ein kleiner Wald. Trotz der überschaubaren Größe finden sich hier viele ruhige Ecken für ungestörte Stunden.

Wobei, ganz so ungestört ist man doch nicht immer: Der Park ist der inoffizielle Wohnsitz einer Eichhörnchen-Großfamilie, die sich nicht scheut, ihre Besucher aus nächster Nähe zu begrüßen. Mit ein wenig Geduld und einer Handvoll Nüsse geht man mit den kleinen Nagern sogar auf Tuchfühlung.

LEISE-PARK

TYP

Kleine Grünanlage mit großem Baumbestand

NÄCHSTGELEGENE HALTESTELLE

›Prenzlauer Allee/Metzer Str.‹ (Tram M2)

PARKPLATZ

Heinrich-Roller-Straße – 52.531237, 13.421313

FLORA

Apfelbäume
Pappeln
Beeren

FAUNA

Eichhörnchen
Kaninchen
Wildbienen

HIGHLIGHTS

- Gummi-Hängematten
- Eichhörnchen aus der Hand füttern
- Erholsame Stille, mitten im Berliner Zentrum

MALCHOWER AUE & MALCHOWER SEE

29

LICHTENBERG – ORTSTEIL MALCHOW
GRÖSSE: 30 HEKTAR

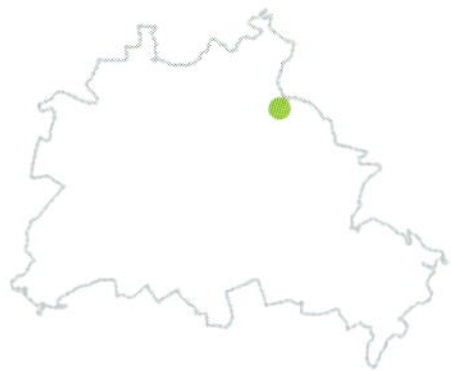

Die Malchower Aue und der angrenzende Malchower See bilden gemeinsam eine über 30 Hektar wilde Flora und Fauna, die sich für einen ausgedehnten Spaziergang im Grünen eignen.

Das nördlich gelegene Naturschutzgebiet Malchower Aue ist der Standort von weit über 300 nachgewiesenen Pflanzenarten, die im Frühling um die Wette blühen. Die von Feuchtwiesen und Torfstichen geprägten Landschaften bieten den perfekten Lebensraum für Amphibien und sind deshalb auch nicht zum Betreten freigegeben.

An Kleingewässern der unzugänglichen Bereiche hat selbst der große Weißstorch eines seiner letzten Berliner Jagdreviere gefunden. Um ihn zu beobachten, empfiehlt sich ein Fernglas. Dank sorgfältiger Pflege und regelmäßiger Mahd der Landschaftspfleger können Wiesenbewohnern wie Braunkehlchen und Heuschrecken ideale Lebensbedingungen gewährleistet werden.

Ein kurzer Gang über den Wartenberger Weg ermöglicht direkten Zugang zum Malchower See, der von einem kleinen Waldstück eingerahmt ist. Trotz angrenzender Wohnsiedlung lassen sich hier auch stadtfremde Tiere beobachten. Auf den Liegewiesen der Uferbereiche schaut man während eines Picknicks unter anderem auf Sumpfbiber, Haubentaucher und eine ausgesetzte Schmuckschildkröte.

MALCHOWER AUE & MALCHOWER SEE

TYP

Artenreiches Naturschutzgebiet und See

NÄCHSTGELEGENE HALTESTELLE

›Malchower Aue‹ (Bus 154, 259)

PARKPLATZ

Zum Hechtgraben – 52.573231, 13.491542

FLORA

Glatthafer
Federnelke
Kratzdistel

FAUNA

Weißstorche
Erdkröte
Rohrammer

HIGHLIGHTS

- Kontaktfreudige Schwäne am See
- Anglern beim Fischfang zusehen
- Bunt blühende Feuchtwiesen im Frühling

MARIENFELDER FELDMARK

30

TEMPELHOF-SCHÖNEBERG – ORTSTEIL MARIENFELDE
GRÖSSE: 59 HEKTAR

Die Marienfelder Feldmark ist eine der letzten noch nicht bebauten Ackerflächen in Berlin und damit leider eine absolute Seltenheit. Sie ist ein wahres Relikt, denn Landwirtschaft fand hier schon im 13. Jahrhundert statt.

Abseits von riesigen Getreidefeldern laden Spazier- und Radwege zu mehrstündigen Touren durch die Natur ein. Normalerweise muss man Berlin für viele Kilometer den Rücken kehren, um so etwas zu erleben: die Gelegenheit, in absoluter Idylle und Entspannung durch ein weitläufiges Areal zu schlendern und Traktoren bei der Ernte zu beobachten. Dabei werden einem Feldhasen, Eidechsen und Rehe über den Weg laufen.

Dass man sich tatsächlich immer noch in Deutschlands größter Metropole befindet, beweisen die Südberliner Hochbauten, die hinter den im Sommer gut zwei Meter hohen Maisfeldern hervorblicken.

Ruhe und Erholung kann man hier das ganze Jahr über erwarten, doch so richtig spannend wird es im Frühling. Dann erwacht die Feldmark aus ihrem Winterschlaf und unzählige Vögel beginnen ihre Brutzeit. Zur Futtersuche nutzen sie die kleinen Wäldchen im Osten, in denen sie die feuchten Böden nach Würmen absuchen.

MARIENFELDER FELDMARK

TYP

Landwirtschaftsflächen mit Spazier- und Radwegen

NÄCHSTGELEGENE HALTESTELLE

›Schichauweg‹ (S2)

PARKPLATZ

Am Freizeitpark Marienfelde – 52.404520, 13.363428

FLORA

Mauerpfeffer
Holunder
Wilder Wein

FAUNA

Iltis
Marder
Fasane

HIGHLIGHTS

- Den Landwirten bei der Ernte zusehen
- Eine Fahrradtour in die südlich gelegene Diedersdorfer Heide
- Picknicken auf den frisch gemähten Feldern

MITTELBRUCH

31

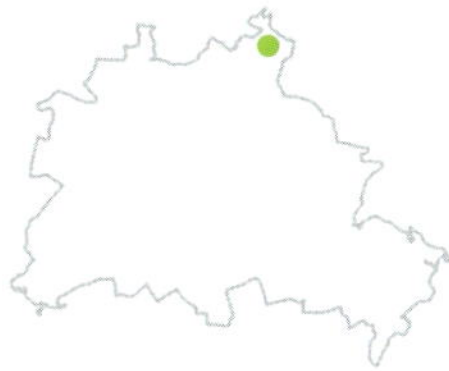

PANKOW – ORTSTEIL BUCH
GRÖSSE: 30 HEKTAR

Wie beschreibt man das Naturschutzgebiet Mittelbruch mit nur drei Wörtern am besten? Graugänse, Mohnblumen und Erholung!

Die knapp 30 Hektar große Landschaft fristet ein recht unbekanntes Dasein am Berliner Stadtrand und bietet dadurch viel Ruhe für zahlreiche Tierarten. Im Zentrum liegen drei ehemalige Torfstiche, aus denen unterschiedlich große Gewässer entstanden.

Die abgelegenen Uferbereiche werden von einer Vielzahl Graugänse bewohnt. Samt Nachwuchs watscheln die imposanten Wasservögel durch die schöne Landschaft, wo sie sich von Gräsern und Kräutern ernähren. Die Seen sind umgeben von großen Feucht- und Glatthaferwiesen, auf denen unterschiedliche Farnpflanzen wachsen. Jede Menge seltene Schmetterlinge schwirren über die blühenden Gräser und sorgen für eine betörende Atmosphäre.

Aufgrund des großen Artenreichtums sollten die Wiesen nicht betreten werden. Ein sandiger Trampelpfad bringt Besucher durch das Biotop und führt zu den wichtigsten Stellen dieses abgeschiedenen Rückzugsortes.

MITTELBRUCH

TYP

Wildblumenwiesen und Torfstiche

NÄCHSTGELEGENE HALTESTELLE

›Pölnitzweg‹ (Bus 353, 891)

PARKPLATZ

Eupener Straße –
52.645084, 13.496494

FLORA

Mohnblumen
Birken
Schilfrohr

FAUNA

Graugänse
Blässhühner
Wiesenzünsler

HIGHLIGHTS

- Der Blick auf die Graugänse und ihren Nachwuchs
- Eine kleine Aussichtsplattform aus Holz, nördlich der Seen
- Zwischen Mohnblumen picknicken

MÜGGELBERGE & MOOR

32

TREPTOW-KÖPENICK – ORTSTEIL KÖPENICK
GRÖSSE: 250 HEKTAR

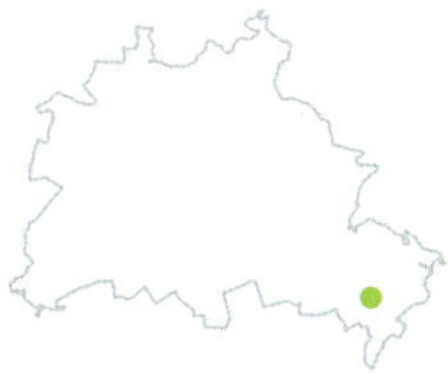

Wandern, Rodeln, Fahrradtouren und Pilze sammeln! Die bis zu 115 Meter hohen Müggelberge sind ein Paradies für jeden, der seine Freizeit gerne in der Natur verbringt. Sie setzen sich aus dem Großen und dem Kleinen Müggelberg zusammen.

Der Große Müggelberg ist Berlins höchste natürliche Erhebung und seine Besteigung ein echtes Abenteuer. Mountainbiker finden hier die beste Downhill-Strecke der Stadt! Den schöneren Ausblick bekommt man allerdings vom kleineren Berg, denn auf dessen Spitze befindet sich ein Aussichtsturm, der einen bis zu 50 Kilometer weiten Rundblick ermöglicht.

Am Fuße der Berge liegt das sagenumwobene Teufelsseemoor, dem man nachsagt, dass sich ein versunkenes Schloss an seinem Grund befindet. Über einen Holzsteg können Besucher trockenen Fußes das Sumpfgebiet erkunden und die tierischen Bewohner wie Molch und Natter aus nächster Nähe beobachten. Die Uferbereiche sind mit fleischfressenden Pflanzen und blühenden Seerosenteppichen überzogen. Ein Seeadler-Pärchen nutzt das Gebiet als Rückzugsort und geht im nahegelegenen Müggelsee auf Beutezug.

MÜGGELBERGE & MOOR

TYP

Berge, Wald, Sumpfgebiet

NÄCHSTGELEGENE HALTESTELLE

›Rübezahl‹ (Bus 169)

PARKPLATZ

Müggelheimer Damm – 52.424227, 13.630083

FLORA

Wollgras
Schachbrettblume
Rundblättriges Sonnentau

FAUNA

Moorfrösche
Laufkäfer
Waldeidechsen

HIGHLIGHTS

- Naturlehrpfad und Lehrkabinett der Berliner Forsten
- Sitzbänke auf dem Steg mitten über dem See
- Ein großer Waldspielplatz für Kinder

MURELLENSCHLUCHT 33

CHARLOTTENBURG-WILMERSDORF – ORTSTEIL GRUNEWALD
GRÖSSE: 43 HEKTAR

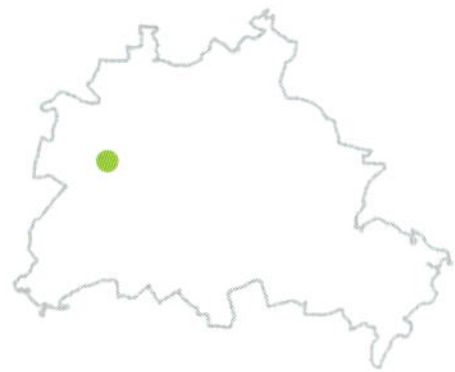

Wohin fährt man eigentlich, wenn man in Berlin alleine sein möchte? Zum Olympiastadion. Kaum vorstellbar, doch direkt neben dem Stadion der Hertha befinden sich 43 Hektar Stille.

Das Naturschutzgebiet Murellenschlucht ist ein absolut abgeschiedener Fleck Erde im Westen Berlins, den kaum jemand kennt. Beim Spazieren durch das hügelige Waldgebiet bekommt man den seltenen Blick auf Schluchten, tief eingeschnittene Talkessel und steile Hänge, denen man besser nicht zu nahekommt.

Der Bezirksstadtrat sprach dem Gebiet nach Abschluss der Renaturierung im Jahr 2009 sogar »mittelgebirgsähnliche Züge« zu. So ein Besuch kann daher schon mal schnell zur schweißtreibenden Wanderung ausarten. Platz für eine Pause bieten wilde Wiesen und hohe Wälle an der sogenannten »Alten Schießbahn«. Dort oben liegt man gut versteckt zwischen hohen Gräsern, und es können unbemerkt durchs Grün streifende Rehfamilien und Feldhasen beobachtet werden.

Die seltene Beschaffenheit von Schluchten und trockenwarmen Böden bietet ideale Gegebenheiten für stadtfremde Pflanzenarten und etwa 100 fliegende Insekten, die man teilweise nur in der Murellenschlucht sehen kann.

MURELLENSCHLUCHT

TYP

Hügellandschaft im Wald mit Teich

NÄCHSTGELEGENE HALTESTELLE

›Scholzplatz‹ (Bus 218, M49)

PARKPLATZ

Glockenturmstaße – 52.513540, 13.226961

FLORA

Traubenkirsche
Habichtskraut
Mauerpfeffer

FAUNA

Feldhasen
Füchse
Kammmolche

HIGHLIGHTS

- Der Blick in die Schluchten
- Reptilien am Murellenteich beobachten
- Die 104 Spiegelkonstruktionen: Erinnerung an die NS-Morde

NEUE WIESEN

34

PANKOW – ORTSTEIL KAROW
GRÖSSE: 12 HEKTAR

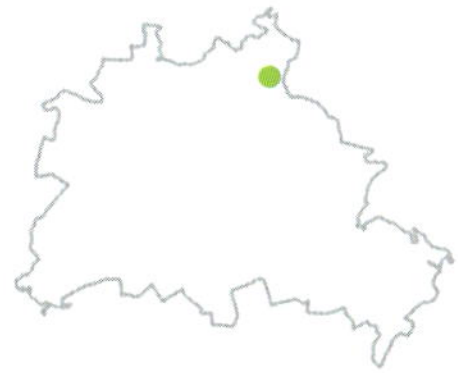

Der Stadtrandpark Neue Wiesen ist die richtige Adresse für einen Tag inmitten abgeschiedener Natur ohne viel Publikum. Im Zentrum der Wiesen befindet sich ein etwa 700 Meter langes Band aus Wildgräsern und bunten Blühpflanzen. Die bis zu einem Meter hohen Gewächse sind nicht nur schön anzusehen, sondern bieten einen wichtigen Lebensraum für bestäubende Insekten. Das Zirpen und Rascheln zur Sommerzeit ist ein echter Hörgenuss!

Um das Band verlaufen Gehwege, die zu kleinen Teichen führen, an denen man Ringelnattern und verschiedene Froscharten beobachten kann.

Ein Besuch der Neuen Wiesen ist zwar schön, aber durch die geringe Größe nur ein kurzer Ausflug. Doch folgt man den Wegen Richtung Süden, gelangt man zum Karower Feldgraben und somit gleich zum nächsten Naturparadies.

Der Feldgraben schlängelt sich entlang riesiger Weiden, die allesamt mit einem Spazierweg ausgestattet sind. Diese führen unter anderem zu Obstbäumen, Blumenwiesen sowie einem Bachlauf und bieten unzählige Orte für ein gemütliches Picknick. Natürliche Aussichtsplattformen wie Wälle oder abgesägte Baumstämme sorgen für eine herrliche Sicht auf die umliegenden Raps- und Maisfelder.

NEUE WIESEN

TYP

Stadtrandpark

NÄCHSTGELEGENE HALTESTELLE

›Am Luchgraben‹ (Bus 259)

PARKPLATZ

Am Luchgraben –
52.604017, 13.498047

FLORA

Mohnblume
Besenginster
Farnpflanzen

FAUNA

Pirol
Rehe
Zauneidechsen

HIGHLIGHTS

- Spaziergänge mit Weitblick auf Getreidefelder
- Fahrradwege bis nach Brandenburg für lange Tagesausflüge
- Das Insektenkonzert auf der Wildgraswiese

NIEDERMOORWIESEN 35

PANKOW – ORTSTEIL BLANKENFELDE
GRÖSSE: 56 HEKTAR

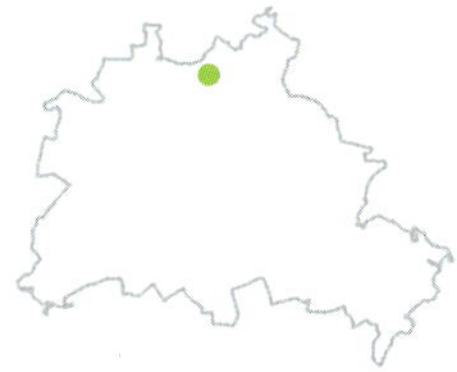

Während der deutschen Teilung befanden sich die Niedermoorwiesen unzugänglich auf dem einstigen Grenzgebiet. Ungestört vom Menschen konnte hier eine erstaunliche Naturlandschaft entstehen, die vielleicht sogar der schönste Fleck Erde in Berlin ist.

Bei der Umwandlung zu einem Naturschutzgebiet beschränkte man sich lediglich auf den Erhalt der Pflanzen- und Tierwelt und ergänzte Wanderwege, damit Felder und Weiden nicht betreten werden müssen. Ansonsten blieb alles genau so, wie es sich die Natur wünscht.

Das Gebiet besteht aus mehreren Biotopen, die von Flussauen bis zum Birkenwald reichen. Vor allem die Apfelbaumplantage im Osten, auf der man sich ins hohe Gras setzen und zu den blühenden Knospen hinaufschauen kann, ist an Idylle kaum zu überbieten.

Gleich hinter dem Tegeler Fließ, das im Norden seine Bahnen zieht, befindet sich der Köppchensee. Von seinem Ufer hat man eine gute Sicht auf Kormorane und Fischotter. Am östlichen Rand des Sees führt ein steiler Weg über Bienenweiden hinauf zu einer Aussichtsplattform. Von hier aus schaut man auf das Tegeler Fließtal, den Köppchensee und einen unzugänglichen Abschnitt, in dem häufig Biber zu sehen sind.

NIEDERMOORWIESEN

TYP

Landschaftsschutzgebiet mit See

NÄCHSTGELEGENE HALTESTELLE

›Alt-Lübars‹ (Bus 222)

PARKPLATZ

Bahnhofstraße –
52.617157, 13.374530

FLORA

Teufelsabbiss
Fieberklee
Flockenblumen

FAUNA

Mauswiesel
Fischotter
Graureiher

HIGHLIGHTS

- Blühende Obstbäume im Frühjahr
- Die nahezu endlose Weite der Felder genießen
- Picknicken am Ufer des Köppchensees

NIKOLSKOE

36

STEGLITZ-ZEHLENDORF – ORTSTEIL WANNSEE
GRÖSSE: 40 HEKTAR

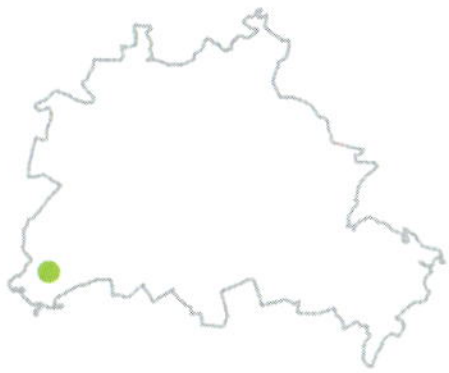

Ein viel zu unterschätzter Ausflugsort ist das kleine Dörfchen Nikolskoe im beschaulichen Berliner Südwesten.

Sobald man die Hauptstraße verlässt und in den Nikolskoer Weg abbiegt, lässt man die Großstadt hinter sich und taucht in eine märchenhafte Welt ab. Dichter, grün-brauner Wald, der ständige Blick auf das Wasser – nahezu einsam und doch so lebendig. Abgesehen von Eichhörnchen, die von Ast zu Ast springen, passiert hier nicht viel und das macht es so besonders.

Die hügelige Landschaft bietet jede Menge natürliche Aussichtsplattformen, die traumhafte Ausblicke verschaffen. Mit bis zu 15 Meter Höhenunterschied schaut man über die Havel auf das benachbarte Potsdam und die Pfaueninsel.

Ein Besuch in Nikolskoe lohnt sich zu jeder Jahreszeit und der Mix aus Wald und Wasser ist einfach wunderbar! Vor allem im Herbst, wenn sich die Blätter der Bäume vergolden, wird ein Spaziergang zum reinen Spektakel. Die musikalische Untermalung liefern die Glocken der Waldkirche St. Peter und Paul, die zu jeder vollen Stunde läuten.

NIKOLSKOE

TYP

Kleiner Ort im Waldgebiet Düppeler Forst

NÄCHSTGELEGENE HALTESTELLE

›Pfaueninsel‹ (Bus 218)

PARKPLATZ

Nikolskoer Weg – 52.423964, 13.116539

FLORA

Sonnentau
Torfmoos
Wollgras

FAUNA

Füchse
Rehe
Ringelnattern

HIGHLIGHTS

- Picknicken auf der Bank vor der Kirche mit Blick aufs Wasser
- Ein Spaziergang an der zugefrorenen Havel im Winter
- Eine Fahrt mit der Fähre auf die Pfaueninsel

PLÄNTERWALD

37

TREPTOW-KÖPENICK – ORTSTEIL PLÄNTERWALD
GRÖSSE: 90 HEKTAR

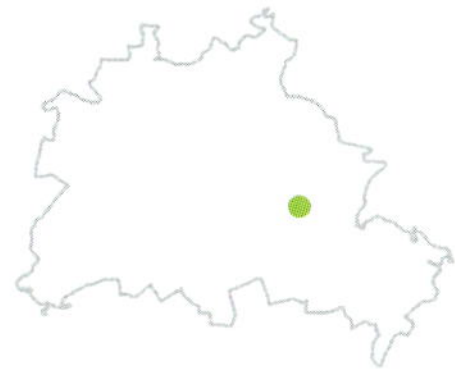

Dass man für einen Waldspaziergang nicht an den Stadtrand fahren muss, beweist der Plänterwald in Treptow. Knapp 90 Hektar misst der dicht bewachsene Forst, der mit einer Vielzahl von Wegen und Abzweigungen zu einem mehrstündigen Spaziergang einlädt.

Besonders schön ist die Nähe zum Wasser, denn der Wald liegt direkt an der Spree. Aufgrund der seltenen Lage entstand ein idealer Lebensraum für Tiere und Pflanzen, die in Berlin auf der roten Liste stehen. Der sehr alte Baumbestand befindet sich in Grundwassernähe und strotzt deshalb vor Energie und vollen grünen Blättern. Vielleicht ist dies der Grund für die reinigende Wirkung auf gestresste Großstadt-Seelen, die dem Wald nachgesagt wird?

Ein besonderes Erlebnis während eines Spaziergangs ist der Moment, wenn plötzlich das Riesenrad zwischen den Bäumen auftaucht. Bis 2002 befand sich der einstige »Spreepark« mitten im Plänterwald. Er war der einzige Vergnügungspark der DDR und empfing zu den besten Zeiten jährlich 1,7 Millionen Besucher. Noch immer stehen Fahrgeschäfte und das 45 Meter hohe Riesenrad auf dem umzäunten Gelände, das sich bei starkem Wind sogar noch dreht; das Quietschen hört man bis tief in den Wald hinein.

PLÄNTERWALD

TYP

Stadtwald an der Spree

NÄCHSTGELEGENE HALTESTELLE

›Neue Krugallee/Dammweg‹ (Bus 265)

PARKPLATZ

Neue Krugallee –
52.478322, 13.485066

FLORA

Bärlauch
Schöllkraut
Breitwegerich

FAUNA

Mäusebussard
Nebelkrähe
Grünspecht

HIGHLIGHTS

- Frische Waldluft mitten im Stadtzentrum
- Ein Spaziergang am Ufer mit Blick auf die Spree
- Die kostenlose Planschanlage im Hochsommer

PÜTTBERGE

38

TREPTOW-KÖPENICK – ORTSTEIL RAHNSDORF
HÖHE: 68 METER

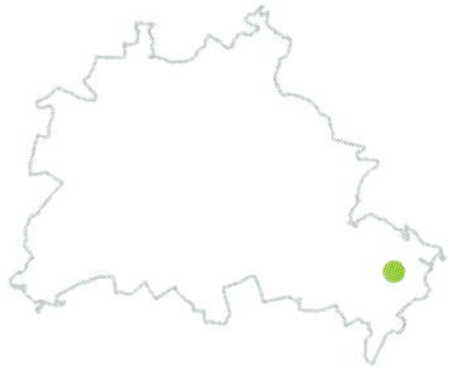

So viel Sand und doch kein Meer in Sicht. Die Püttberge im Osten der Stadt sind eine sehenswerte Dünenlandschaft mit einem 68 Meter hohen Gipfel. Die aufgewehten Flugsanddünen zählen mit einer relativen Höhe von 30 Metern zu den mächtigsten ihrer Art. Von dem flachen Plateau auf der Spitze bekommt man eine interessante Aussicht auf das Tal und die 600 Meter entfernte Taborkirche in Wilhelmshagen.

Die bergigen Höhenzüge sind von einer besonders trockenen Landschaft geprägt, die sich in dieser Form in Berlin nur schwer finden lässt. Sie bieten all jenen Pflanzen den perfekten Nährboden, die man sonst kaum zu Gesicht bekommt. Unter anderem wachsen hier schöne Strohblumen und das Katzenpfötchen.

Über den heißen Boden flitzen Zauneidechsen und durch die Lüfte fliegen weit über 400 Schmetterlingsarten. Die Püttberge sind nicht sonderlich groß, reichen dank zahlreicher, verwinkelter Waldpfade dennoch für einen knapp einstündigen Spaziergang. Wem das nicht reicht, der hat mit den angrenzenden Müggelspreewiesen und dem Woltersdorfer Dünenzug zusätzlich zwei Wandergebiete im Umkreis.

PÜTTBERGE

TYP

Binnendünen im Waldgebiet

NÄCHSTGELEGENE HALTESTELLE

›Wilhelmshagen‹ (S3 sowie Bus 161)

PARKPLATZ

Zeesener Weg –
52.439232, 13.708026

FLORA

Heidekraut
Dänischer Tragant
Strohblumen

FAUNA

Baumfalke
Zwergfledermaus
Stechimmen

HIGHLIGHTS

- Der Ausblick auf die Taborkirche
- Barfuß durch den Dünensand spazieren
- Die einsame Holzbank auf dem Berggipfel

REHBERGE

39

MITTE – ORTSTEIL WEDDING
GRÖSSE: 78 HEKTAR

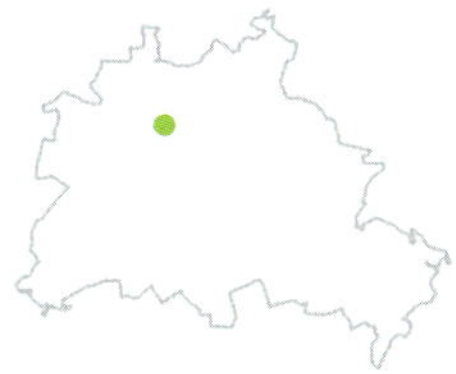

Arbeiterviertel. Die immer volle Müllerstraße. Ein Geschäft neben dem nächsten. Der Ortsteil Wedding ist nicht gerade bekannt für Ruhe und Beschaulichkeit. Mit einer Ausnahme: Der 78 Hektar große Volkspark Rehberge ist die grüne Lunge des Viertels und zeitgleich eine der natürlichsten Parkanlagen der Stadt. Vermutlich verbindet jeder Nord-Berliner ein Stück seiner Kindheit mit diesem Ort. Hier lernt man das Fahrradfahren, schaut sich Rehe und Wildschweine aus nächster Nähe an und rodelt im Winter die alten Flugsanddünen hinunter.

Weitestgehend unbekannt jedoch ist die bewegte Vergangenheit, auf die die Rehberge zurückblicken: Die einstige Dünenlandschaft diente schon als Drehort für Westernfilme, stand kurz vor der Umgestaltung zu einem Tierpark und wurde nach dem Ersten Weltkrieg von der frierenden Bevölkerung fast bis auf das Letzte abgeholzt. Erst die Aufforstung in den 1950er Jahren brachte den Weddingern diesen abwechslungsreichen Ausflugsort vor die Haustür, für den sich auch eine längere Anreise lohnt.

Neben einer Kette aus drei Seen im Norden des Parks ist es vor allem die waldähnliche Vegetation, die den Rehbergen einen besonders natürlichen Charakter verpasst. Bei einem Spaziergang unter Platanen und Birken ist nichts von der hektischen Außenwelt zu spüren. Und wem nach einem mehrstündigen Spaziergang die Füße brennen, der kann sich im südlich angrenzenden Plötzensee die verdiente Abkühlung genehmigen.

REHBERGE

TYP

Bewaldeter Park mit Seen

NÄCHSTGELEGENE HALTESTELLEN

›Rehberge‹ (U6) und ›Transvaalstr.‹ (Bus 221)

PARKPLATZ

Transvaalstraße – 52.547855, 13.335283

FLORA

Erlen
Seggen
Fahl-Weiden

FAUNA

Wildschweine
Fledermäuse
Karausche

HIGHLIGHTS

- Das Freiluftkino an einem warmen Sommerabend
- Rehe und Wildschweine in den Wildtiergehegen
- Drachensteigen auf den großen Wiesen

RIESELFELDER KAROLINENHÖHE

40

SPANDAU – ORTSTEIL GATOW
GRÖSSE: 220 HEKTAR

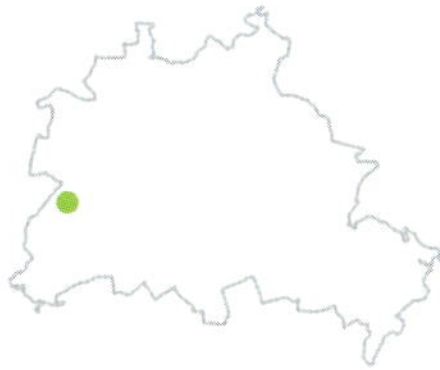

Bis Mitte der 1970er Jahre dienten die Rieselfelder in Karolinenhöhe noch zur Reinigung der Abwässer aus Berlin und Brandenburg. Heute befindet sich auf der einstigen natürlichen Kläranlage eine der größten Landschaftsflächen in der Stadt.

Auf den insgesamt 220 Hektar gibt es weder Cafés, Wohnhäuser noch sonstige stadttypische Bebauung. Alles, was man hier findet, sind pure Natur und Erholung ab der ersten Sekunde.

Auf großen Koppeln wird vornehmlich Tierfutter angebaut und angrenzende Pferdehöfe nutzen sie zum Ausritt. Hier kann man stundenlang über die Weiden schlendern oder die kilometerlangen Schotterwege an den Feldrändern für eine Fahrradtour nutzen.

Unterwegs begegnen einem immer wieder Obstbäume an denen wilde Birnen, Äpfel und Kirschen wachsen. Besonders interessant sind die Überreste wie Wasserbassins, tiefe Gräben und Reinigungsanlagen aus der aktiven Zeit der Rieselfelder, die sich die Natur langsam zurückerobert. Für einen Naturliebhaber ist es unmöglich, diesen ungewöhnlichen Ort nicht direkt ins Herz zu schließen!

RIESELFELDER KAROLINENHÖHE

TYP

Landwirtschaftsfläche und Erholungsgebiet

NÄCHSTGELEGENE HALTESTELLE

›Zur Haveldüne‹ (Bus 134, X34)

PARKPLATZ

Potsdamer Chaussee – 52.501672, 13.157441

FLORA

Zittergras
Birnbäume
Glockenblume

FAUNA

Feldhasen
Mäusebussard
Dachs

HIGHLIGHTS

- Endlos lange Spaziergänge ohne viel Publikum
- Picknicken zwischen den Strohballen
- Die historischen Relikte der Abwasseranlagen im Norden

SANDGRUBE GRUNEWALD

41

CHARLOTTENBURG-WILMERSDORF – ORTSTEIL GRUNEWALD
GRÖSSE: 14 HEKTAR

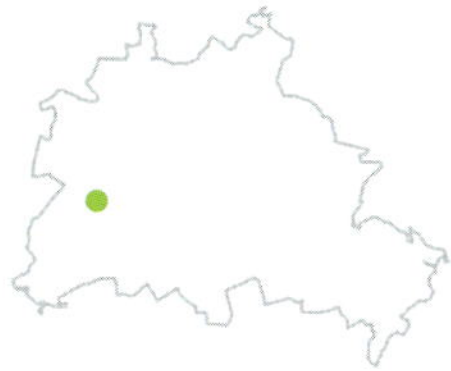

Und schon wieder einer dieser Orte, bei dem man sich verwundert fragt: Ist das noch Berlin? Die Sandgrube Grunewald besteht aus einer Sanddüne, die 25 Meter tief in einem Tal voll grüner Natur endet.

So abstrakt wie ihr Aussehen, ist auch der Standort der isolierten Landschaft. Sie liegt mitten im Wald, südlich des Teufelsbergs und sieht aus der Vogelperspektive wie ein kolossaler Buddelkasten aus. Ein Besuch empfiehlt sich für all jene, die mal wieder ganz dringend Abstand zur Großstadt brauchen und dafür nicht weit fahren möchten – nur vier Kilometer entfernt befindet sich schon der Ku'damm.

Am Fuß der Düne gibt es mehrere kleine Seen, in denen es von Amphibien nur so wimmelt. In den Morgenstunden können häufig Wildtiere aus dem umliegenden Waldgebiet beobachtet werden, die ihren Durst an den Gewässern stillen. Große Schilf- und Farnpflanzen rahmen die Ufer ein und sind der ideale Lebensort für Ringelnattern. Selbst über einen Meter lange Exemplare des ungefährlichen Reptils wurden hier bereits gesehen.

Wer diesen verträumten Ort noch nicht kennt, dem sei ein Besuch ans Herz gelegt. Nirgendwo sonst in Berlin lässt sich etwas Vergleichbares finden.

SANDGRUBE GRUNEWALD

TYP

Kiesgrube mit Sanddüne

NÄCHSTGELEGENE HALTESTELLE

›Grunewald‹ (S3, S5, S7 sowie Bus 186, M19)

PARKPLATZ

Teufelsseechaussee – 52.492918, 13.237334

FLORA

Wiesen-Salbei
Knabenkraut
Violette-Schwarzwurzel

FAUNA

Sandbienen
Ringelnatter
Zwergtaucher

HIGHLIGHTS

- Barfuß durch den Sand spazieren
- Die Sanddüne im Winter runterrodeln
- Amphibien am See beobachten

SCHÖNERLINDER TEICHE

42

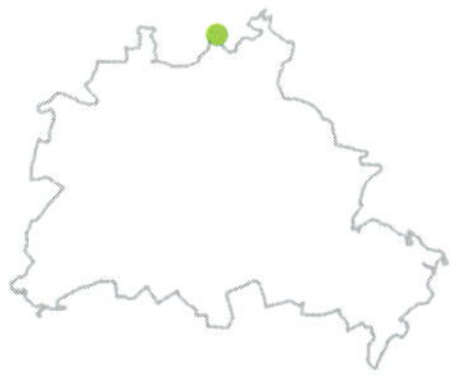

BERLINER STADTRAND – ORTSTEIL MÜHLENBECK GRÖSSE: 40 HEKTAR

Da sich die Schönerlinder Teiche bereits auf Brandenburger Boden befinden, hätten sie genau genommen nicht mit in das Buch aufgenommen werden dürfen. Doch bei nur 100 Metern Entfernung zur Stadtgrenze und einer solch fantastischen Natur wird hier eine Ausnahme gemacht.

Die Gegend rund um das Naturschutzgebiet ist dünn besiedelt und von Ackerflächen geprägt. Dank der abgeschiedenen Lage konnte sich hier eine der naturreichsten Landschaften entwickeln, die man in Berlin und Umgebung finden kann.

Auf den großflächigen Wildwiesen entstand nicht nur eine reichhaltige Pflanzenwelt, sondern auch ein wichtiger Lebensraum für Bodenbrüter wie die Goldammer. Im Jahr 1997 wurde das Gebiet unter Naturschutz gestellt und besucherfreundlich gestaltet.

Ein Rundweg mit Beginn an der Blankenfelder Straße, überdachte Sitzbänke sowie ein Aussichtsturm wurden hinzugefügt. Auf dem Rundweg befindet sich auch der Löwenzahnpfad – benannt nach der bekannten TV-Sendung – auf dem lehrreiches Wissen vermittelt wird.

Das Highlight ist eindeutig der Blick auf die Konik-Pferde und die Wasserbüffel. Die imposanten Riesen leben hier in einer echten Wildnis und kommen den Besuchern erstaunlich nah.

SCHÖNERLINDER TEICHE

TYP

Naturschutzgebiet mit großen Tierweiden

NÄCHSTGELEGENE HALTESTELLE

›Mühlenbeck-Mönchmühle‹ (S8 sowie Bus 806, 810)

PARKPLATZ

P+R Mühlenbeck-Mönchmühle – 52.654028, 13.387493

FLORA

Klatschmohn
Obstbäume
Sumpffarn

FAUNA

Konik-Pferde
Goldammer
Reiher

HIGHLIGHTS

- Den Löwenzahnpfad mit Kindern begehen
- Die Wasservögel an den Sümpfen der Tierweiden
- Mit einem Fernglas im Gepäck auf den Aussichtsturm steigen

SCHÖNHOLZER HEIDE 43

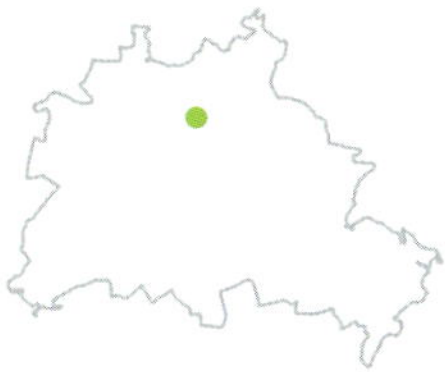

PANKOW – ORTSTEIL NIEDERSCHÖNHAUSEN
GRÖSSE: 35 HEKTAR

In Sachen Natürlichkeit macht der Schönholzer Heide kaum ein Park in Berlin etwas vor. Dennoch ist man bei einem Spaziergang immer wieder erstaunt, wie wenig hier los ist. Fast könnte man meinen, die Berliner hätten den grünen Fleck in Pankow noch nicht entdeckt.

Die 35 Hektar große Landschaft besteht überwiegend aus wilder Natur, die sich auf hügeligem Gelände breitgemacht hat und an manchen Stellen einem Wald gleicht. Das ist eigentlich auch kein Wunder, denn das Gelände ist ein Restbestand der Schönhauser Fichten, einem riesigen Waldgebiet, das sich einst bis zur acht Kilometer entfernten Jungfernheide zog.

Besucher dürfen sich auf ungestörte Momente nebst satten Wiesen, einen sehr alten Baumbestand und schöne Pflanzen freuen. Im Hochsommer bringt sich der eine oder andere auch schon mal seine Hängematte mit, spannt sie zwischen zwei Bäumen auf und genießt das Vogelgezwitscher.

Historisch wird es im südlichen Teil: Dort sind noch immer rostige Lichtmasten, Balustraden und Relikte der Zuschauertribüne eines beliebten Freilichttheaters aus den 1950er Jahren zu finden.

SCHÖNHOLZER HEIDE

TYP

Bewaldeter Volkspark

NÄCHSTGELEGENE HALTESTELLE

›Berlin-Schönholz‹ (S1, S25, S26 sowie Bus 150, 327)

PARKPLATZ

Friesenstraße – 52.580326, 13.379037

FLORA

Rosskastanie
Rotbuche
Maulbeerbäume

FAUNA

Eichhörnchen
Eisvögel
Feldhasen

HIGHLIGHTS

- Die Relikte des Freilichttheaters erkunden
- Das Sowjetische Ehrenmal im nördlichen Teil
- Das alljährliche Trommlerfest *Rakatak* im Juni

TEUFELSSEE GRUNEWALD

44

CHARLOTTENBURG-WILMERSDORF – ORTSTEIL GRUNEWALD
GRÖSSE: ZWEI HEKTAR

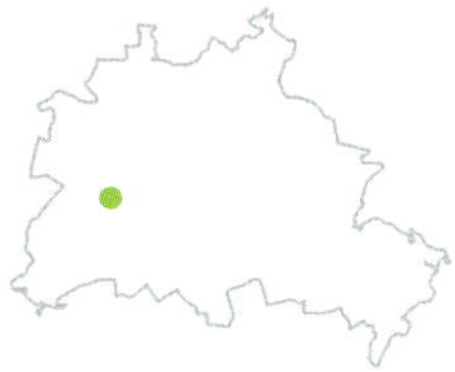

Fragt man Berliner nach ihrem Lieblingssee, bekommt man häufig den Teufelssee im Grunewald genannt. Mit einer Größe von nur zwei Hektar zählt er nicht zu den größten, doch zweifellos zu den schönsten Gewässern der Stadt.

Das abgeschiedene Idyll befindet sich gut versteckt inmitten des sumpfigen Kesselmoors Teufelsfenn, das zahlreiche Amphibien beherbergt. Die Ufer des Sees sind von hohen Bäumen umgeben, bieten jedoch eine Menge freie Stellen, um sich direkt ans Wasser zu setzen. Auf einem gepflegten Grasstrand breitet man seine Decke aus und kann sich endlich mal wieder dem neuesten Buch widmen. Wer sich bei dem Anblick des klaren Wassers nicht zurückhalten kann, der kann getrost hineinspringen und die Erfrischung im kühlen Nass genießen. Der Waldsee ist nämlich eine offizielle Badestelle und wird regelmäßig auf seine Wasserqualität geprüft.

Besonders spannend ist die freie Sicht auf die Spionagestation auf dem Teufelsberg, die man am besten vom Westufer sehen kann.

Wer es schafft, der sollte den Teufelssee an einem Wochentag besuchen – am besten mit vollgepacktem Picknickkorb. Dann ist man hier meist ganz für sich allein und bekommt einen Platz auf der begehrten Schwimmplattform mitten im See.

TEUFELSSEE GRUNEWALD

TYP

Waldsee

NÄCHSTGELEGENE HALTESTELLE

›Grunewald‹ (S3, S5, S7 sowie Bus 186, M19)

PARKPLATZ

Teufelsseechaussee – 52.493005, 13.237357

FLORA

Bärlauch
Schöllkraut
Breitwegerich

FAUNA

Mäusebussard
Nebelkrähe
Grünspecht

HIGHLIGHTS

- Kaulquappen und Teichmuscheln am Ufer
- Eisvögel am frühen Morgen beobachten
- Sonnen auf der schwimmenden Plattform

TIEFWERDER WIESEN

45

SPANDAU – ORTSTEIL WILHELMSTADT
GRÖSSE: 67 HEKTAR

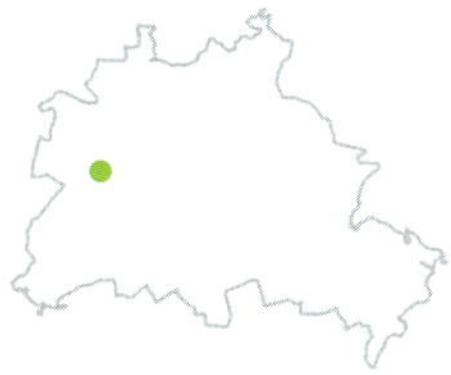

Wer die fünfspurige Heerstraße regelmäßig befährt, weiß wie anstrengend eine Fahrt auf dem Verkehrsmonster sein kann. Nur die wenigsten wissen, dass sich dort in unmittelbarer Nähe eines der schönsten Biotope Berlins versteckt.

Die Tiefwerder Wiesen in Spandau sind ein 67 Hektar großer Rest einer ehemaligen Auenlandschaft, voller Feuchtwiesen und schmaler Kanäle. Die vielen Wasserstraßen bescherten dem Gebiet sogar den Spitznamen »Klein-Venedig«.

Auf Trampelpfaden marschiert man durch ein wunderschön naturbelassenes Gebiet, das von Wasserbüffeln, Rindern, Ziegen und Schafen beweidet wird. Dabei hat man einen ständigen Ausblick auf die Havel und findet viele einsame Uferstellen sowie Sitzbänke zum Verweilen.

Über einen Holzsteg gelangt man weiter nördlich zu glasklaren Flüssen und kann einen Blick auf die beneidenswerten Gartenanlagen samt eigenem Steg werfen. Ein nahegelegener Bootsverleih bietet Kanus an, mit denen sich Tiefwerder und Umgebung vom Wasser aus erkunden lassen – ein sehr empfehlenswertes Erlebnis!

TIEFWERDER WIESEN

TYP

Flusshalbinsel mit Tierweiden

NÄCHSTGELEGENE HALTESTELLE

›Pichelswerder‹ (Bus M49)

PARKPLATZ

Heerstraße –
52.511578, 13.206066

FLORA

Wasserschwertlilie
Sumpf-Laubkraut
Gilbweiderich

FAUNA

Fischotter
Dachse
Kolbenwasserkäfer

HIGHLIGHTS

- Galloway-Rinder hautnah bestaunen
- Rennruderbooten auf der Havel beim Training zusehen
- Glasklares Wasser am Graben genießen (52.516553, 13.212886)

VIKTORIAPARK

46

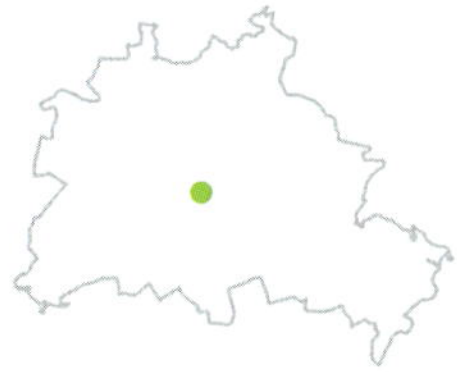

FRIEDRICHSHAIN-KREUZBERG – ORTSTEIL KREUZBERG
GRÖSSE: 13 HEKTAR

Ein Wasserfall, Schluchten und Tümpel, eine Aussichtsplattform auf einem Berggipfel – nein, wir sind nicht im Schwarzwald, sondern in Kreuzberg!

Der Viktoriapark zählt ohne Zweifel zu den schönsten Grünanlagen Berlins und begeistert vor allem durch seine wilde Natur. Die Großstadt-Oase befindet sich mitten auf dem Kreuzberg, der höchsten natürlichen Erhebung der Innenstadt.

Begleitet vom Rauschen des Wasserfalls, wird ein Spaziergang durch das hügelige Gelände zu einem echten Abenteuer. Nimmt man den weitläufigen Rundweg, der sogar an einem Weinhang entlangführt, oder kämpft man sich die steinige Schlucht hoch? Dank der zahlreichen Abzweigungen kann ein Besuch im Viktoriapark zu einer richtigen Wanderung ausgeweitet werden.

Auf dem Gipfel des Kreuzbergs befindet sich das imposante Nationaldenkmal, das nochmals 22 Meter in die Höhe ragt. An warmen Sommerabenden ist dies ein beliebter Treffpunkt für Paare – und Leute, die es mal werden wollen –, um sich den Sonnenuntergang und die Großstadtlichter aus luftiger Höhe anzuschauen.

VIKTORIAPARK

TYP

Hügelige Parkanlage

NÄCHSTGELEGENE HALTESTELLE

›Platz der Luftbrücke‹ (U6 sowie Bus 104, 248)

PARKPLATZ

Methfesselstraße – 52.487746, 13.384540

FLORA

Rosskastanie
Wilder Wein
Farne

FAUNA

Eichhörnchen
Kohlmeisen
Feldhasen

HIGHLIGHTS

- Die Aussicht von der Spitze des Denkmals
- Rodeln auf den steilen Wiesen
- Abkühlung am Wasserfall

360

VOLKSPARK HUMBOLDTHAIN

47

MITTE – ORTSTEIL GESUNDBRUNNEN
GRÖSSE: 29 HEKTAR

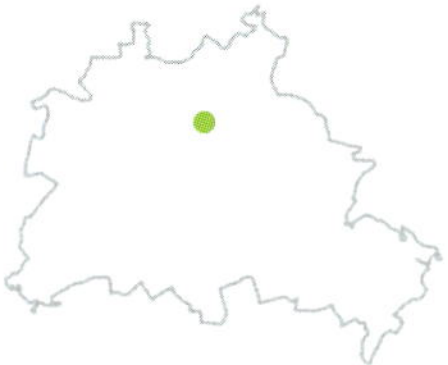

Der Volkspark Humboldthain ist nicht nur die grüne Lunge im grauen Ortsteil Gesundbrunnen, sondern überrascht mit einer erstaunlich wilden Natur. Er beherbergt verschiedene Themenbereiche, wie das bergige Waldgebiet, einen liebevoll angelegten Rosengarten, kleine Flussläufe und riesige Wiesen zum Picknicken.

Neben der Möglichkeit, unter einem sehr alten Baumbestand spazieren zu gehen, wird vor allem der Aufstieg zum historischen Flakturm zu einem kleinen Abenteuer. Der ehemalige Bunker zur Abwehr von feindlichen Fliegern im Zweiten Weltkrieg steht heute jedermann und jederzeit offen für Erkundungen. Er befindet sich auf der Spitze der 85 Meter hohen Humboldthöhe und bietet einen 360-Grad-Panoramablick über Berlin, den man sich nicht entgehen lassen sollte.

Für eine innerstädtische Grünanlage ist der Volkspark außergewöhnlich grün und steht sogar als Gartendenkmal unter Schutz.

VOLKSPARK HUMBOLDTHAIN

TYP

Bewaldeter Park mit Bunkerberg

NÄCHSTGELEGENE HALTESTELLE

›Gesundbrunnen‹ (U8 sowie S1, S2, S25, S26 und Bus 247)

PARKPLATZ

Gustav-Meyer-Allee – 52.543329, 13.386640

FLORA

Baumhasel
Stechpalme
Edeltanne

FAUNA

Eichhörnchen
Elstern
Kleiner Kohlweißling

HIGHLIGHTS

- Die Aussicht vom ehemaligen Flakturm
- Der Weingarten, aus dem jährlich 200 Flaschen Wein gekeltert werden
- Ein gutes Buch im Wassergarten lesen

WARTENBERGER FELDMARK

48

LICHTENBERG – ORTSTEIL WARTENBERG
GRÖSSE: 210 HEKTAR

Die Wartenberger Feldmark im Nordosten der Stadt verfolgt das beispielhafte Konzept, einen fließenden Übergang von der Stadt zum Land zu schaffen – und das mit großem Erfolg!

Die 210 Hektar große Landschaft beginnt südlich an einem Wohngebiet in Hohenschönhausen und endet nördlich auf den Weiten der Brandenburger Getreidefelder.

Mit jedem Schritt hinein in das riesige Gelände lässt man Großstadt und Hektik hinter sich und taucht ab in die Stille der Natur. Kilometerlange Wege führen an ehemaligen Rieselfeldern vorbei, die heute von Schottischen Hochlandrindern und Schafen beweidet werden.

Zu entdecken gibt es außerdem ein kleines Wäldchen, riesige Ahornbäume und knallbunte Streuobstwiesen. Der nahtlose Übergang in die ländlichen Gefilde bringt immer wieder stadtfremde Tiere wie Rehe, Fasane oder Störche auf den Berliner Boden.

Abenteuer sind hier nicht zu erwarten. Die Hauptattraktionen der Feldmark sind ihre erstaunliche Ruhe, die abwechslungsreichen Naturschauplätze und die seltene Möglichkeit, endlich mal wieder bis zum Horizont zu schauen.

WARTENBERGER FELDMARK

TYP

Landschaftspark mit Tierweiden

NÄCHSTGELEGENE HALTESTELLE

›Wartenberg‹ (S75 sowie Bus 256)

PARKPLATZ

Hagenower Ring –
52.577473, 13.506223

FLORA

Kirschbäume
Blumenbeete
Ahornbäume

FAUNA

Damwild
Füchse
Fasane

HIGHLIGHTS

- Die Kälber auf den Rinderweiden
- Von einem Hochsitz aus die Weite der Felder genießen
- Inline-Skaten auf den kilometerlangen Wegen

WUHLETAL

49

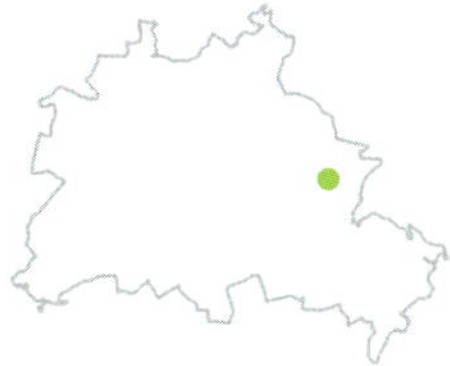

MARZAHN-HELLERSDORF – ORTSTEIL BIESDORF
LÄNGE: 15 KILOMETER

Das Wuhletal ist ein Grünzug entlang der Wuhle – einem Nebenfluss der Spree –, der sich 15 Kilometer durch den Osten Berlins schlängelt. Seinen Beginn hat das grüne Band im Norden von Marzahn und mündet in Köpenick an der Alten Försterei.

Das Tal verspricht beste Bedingungen für eine ausgiebige Wanderung mitten durch die Stadt, doch stets in der Natur. Zur Orientierung dienen Wegweiser, die den »Wuhletal-Wanderweg« vorgeben.

Wer Marzahn und Umgebung bisher nur als Plattenbau-Dschungel kannte, wird sich über die grüne Idylle sehr wundern. Die wilden Uferbereiche der Wuhle sind zwar schön anzusehen, sollten aber nur mit Vorsicht betreten werden. Rund 70 Vogelarten, viele davon bedroht und geschützt, leben und nisten hier. Vor allem die schwer zugänglichen Sumpfbereiche bieten einen idealen Lebensraum für Amphibien, Reptilien und sogar Biber. Wer sich dennoch für ein Picknick am Wasser entscheidet, sollte zum Wohl der Tiere auf die zahlreichen Parkbänke am Wegesrand ausweichen.

Vor einiger Zeit bekamen die Landschaftspfleger Unterstützung von einer Herde Schottischer Hochlandrinder, die ihren Dienst als natürliche Rasenmäher absolvieren und das Wuhletal beweiden. Beobachten kann man sie unter anderem im Eichepark und neben der Rudolf-Virchow-Oberschule.

WUHLETAL

TYP

Fließgewässer

NÄCHSTGELEGENE HALTESTELLE

›Wuhletal‹ (U5, S5 sowie Bus 191, 291)

PARKPLATZ

Dorfstraße – 52.510475, 13.577083

FLORA

Tintlinge
Wilder Farn
Pappeln

FAUNA

Biber
Frösche
Wildbienen

HIGHLIGHTS

- Der Wuhletal-Wanderweg zu Fuß oder per Rad
- Der 15,5 Meter hohe Kletterfelsen ›Wuhletalwächter‹
- Auf den 115 Meter hohen Ahrensfelder Berg wandern

ZINGERGRABEN

50

PANKOW – ORTSTEIL BLANKENFELDE
GRÖSSE: 115 HEKTAR

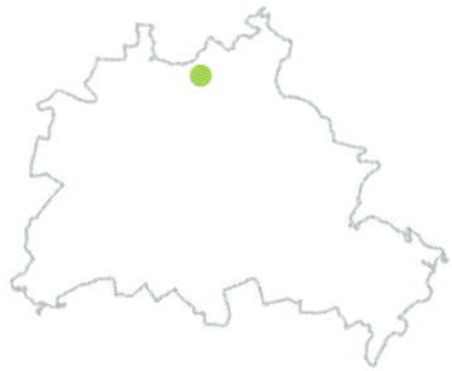

Unendlich weit schauen, saubere Landluft atmen und Turmfalken bei der Mäusejagd erleben? Auf geht's nach Pankow!

Der Zingergraben ist ein 115 Hektar großer Teil des Landschaftsschutzgebiets Blankenfelde, einem der artenreichsten Gebiete Deutschlands. Das ruhige Fleckchen Erde erlangte bis heute keine große Bekanntheit, wird aber von seinen Anwohnern schon lange als wichtiger Ort der Erholung geschätzt.

Das Gebiet ist geprägt von riesigen Weiden und Koppeln, zwischen denen Sandwege verlaufen. Von dort aus bekommt man die Möglichkeit zu stundenlangen Spaziergängen und Fahrradtouren in einem berauschenden Ambiente.

Hier zeigt die hektische Großstadt mal wieder, dass sie auch ein abgelegenes Dorf sein kann. Auf den Feldern wachsen Getreide und Wildblumen, die Versteckmöglichkeiten für Feldhasen und Füchse bieten. Große Teile der Koppeln werden von Hochlandrindern sowie Koniks bewohnt. Die robuste Ponyrasse galoppiert mit einer beeindruckenden Energie über die Landschaft und wirbelt Staubwolken hinter sich auf.

ZINGERGRABEN

TYP

Landschaftsschutzgebiet mit Tierweiden und Wassergräben

NÄCHSTGELEGENE HALTESTELLE

›Revierförsterei Blankenfelde‹ (Bus 107)

PARKPLATZ

Blankenfelder Chaussee – 52.616790, 13.390995

FLORA

Holunder
Schlehen
Heckenrosen

FAUNA

Turmfalken
Feldhasen
Störche

HIGHLIGHTS

- Tieffliegende Fledermäuse bei einem Abendspaziergang
- Joggen zwischen den großen Getreidefeldern
- Raubvögel bei der Jagd beobachten

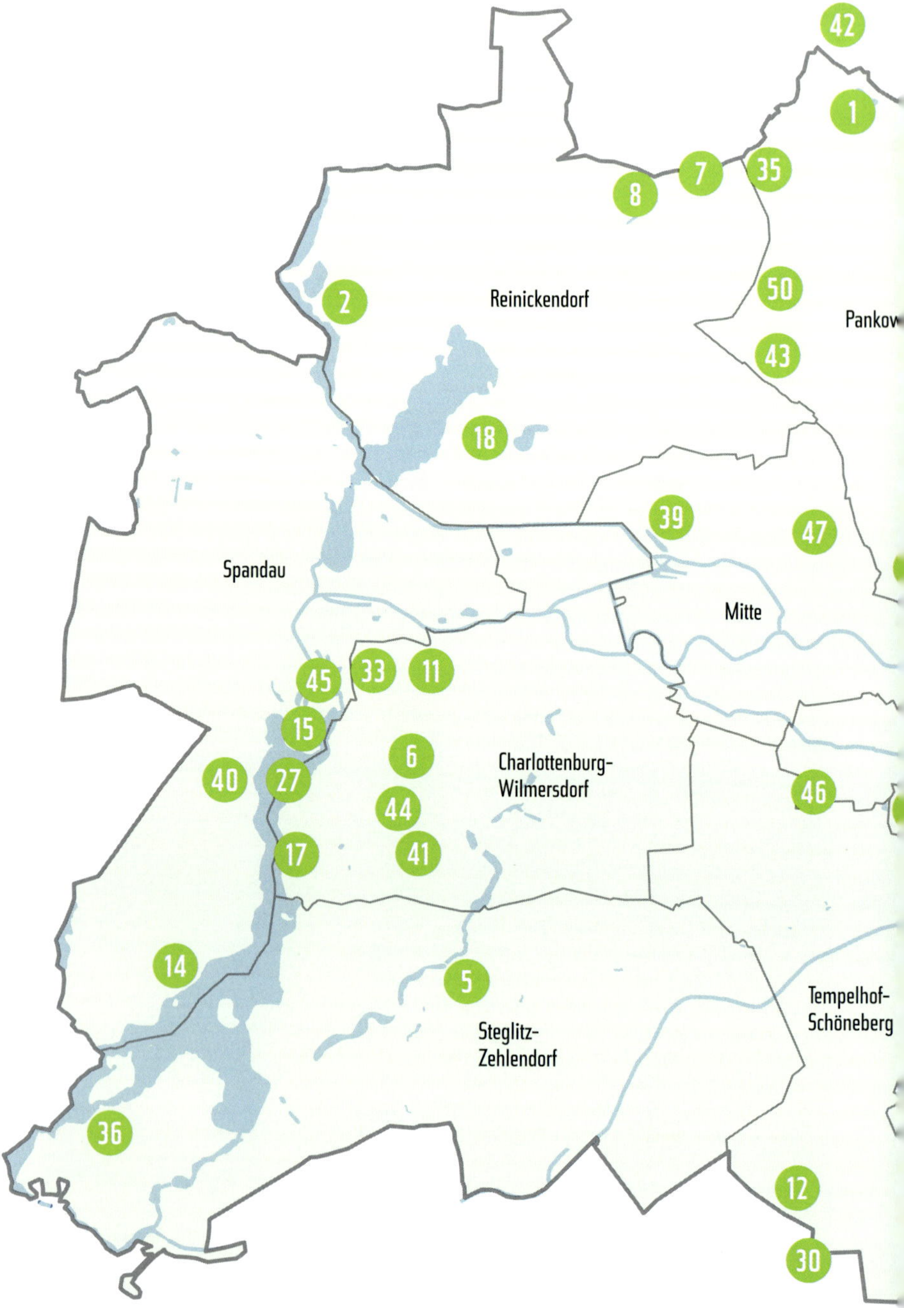
42
1
8
7
35
2
Reinickendorf
50
Pankow
43
18
39
47
Spandau
Mitte
45
33
11
15
6
Charlottenburg-
Wilmersdorf
40
27
46
44
17
41
14
5
Tempelhof-
Schöneberg
Steglitz-
Zehlendorf
36
12
30

4
31
9
34
Friedrichshain-Kreuzberg
48
10
29
Lichtenberg
24
Marzahn-Hellersdorf
49
20
3
9
37
21
38
Treptow-
Köpenick
25
Neukölln
32
23
26
13

Auf den Niedermoorwiesen in Blankenfelde

DANK

Da es dieses Buch ohne die Unterstützung einer bestimmten Person nicht gegeben hätte, möchte ich an dieser Stelle meinen Dank aussprechen:

Ich bedanke mich bei meiner Frau Sabrina, die mir immer den Rücken freigehalten und die Zeit gegeben hat, mich diesem Buchprojekt zu widmen. Ohne dich hätte ich das niemals geschafft!

DER AUTOR

Gary Schunack, geboren 1988, ist bei einem Berliner Förster aufgewachsen, was ihm bereits in jungen Jahren einen intensiven Blick auf die Stadtnatur verschaffte. Seine Hobbys wie Angeln, Radfahren und Wandern brachten ihn später an Orte, die den meisten verborgen bleiben. Die ständige Suche nach versteckten Natur-Schönheiten, gepaart mit dem Interesse für Fotografie, sorgte schließlich dafür, dass die »grüne Seite Berlins« seine Leidenschaft wurde. Gary Schunack lebt mit seiner kleinen Familie im Herzen Kreuzbergs.

Mehr Ausflugsziele in der Berliner Natur gibt es auf www.stadtpampa.de.

BRANDENBURG ENTDECKEN

Frank Goyke
Auf dem Jakobsweg durch Brandenburg
Von Nord nach Süd
ISBN 978-3-86124-693-0

Martin Mosch
Brandenburg landeinwärts
Besondere Wanderungen in der Mark
ISBN 978-3-86124-664-0

Robert Zagolla
Hofläden in Brandenburg
Die besten Ideen und Adressen für kulinarische Landausflüge
ISBN 978-3-86124-714-2

Frank Goyke
Auf dem Jakobsweg durch Brandenburg
Band 2: Von Ost nach West
ISBN 978-3-86124-704-3

Gregor Münch
Unterwegs in Brandenburg
Einzigartige Wege zum Spazieren und Wandern
ISBN 978-3-86124-727-2

Therese Schneider
Brandenburg mit dem Rad
Die schönsten Touren für Kulturliebhaber
ISBN 978-3-86124-749-4

Feix / Topp / Zagolla / Zimmermann
Brandenburg auf dem Wasser
Die schönsten Ausflüge mit Dampfer, Kanu, Hausboot & Co
ISBN 978-3-86124-687-9

Gerhard Drexel
Sehnsuchtsorte in Brandenburg
Refugien für den kleinen Urlaub
ISBN 978-3-86124-735-7

Therese Schneider
Mit dem Fahrrad auf Fontanes Spuren
Radwanderungen durch die Mark Brandenburg
ISBN 978-3-86124-722-7